河南省高校人文社会科学重点研究基地——河南财经政法大学道德与文明研究中心资助；政府经济发展和社会管理创新研究中心资助

Daxing Shuili Gongcheng Yimin Jiaoyu Ziyuan Peizhi Yanjiu

杨健燕◎著

大型水利工程移民教育资源配置研究

——以南水北调中线工程为例

人民出版社

目　录

引　论

教育是立国之本,一个国家和民族如果没有系统、完整、现代化的教育作为支撑,很难在 21 世纪的现代化进程中占据领先地位,这是有目共睹的事实。一个民族的教育问题除了现代化、系统化和均衡化的基本要求之外,一个更为重要的考量就是教育成果如何为全社会民众所共享,教育资源如何在既有阶层和新生阶层之间进行有效分配。在党和国家的十三五规划中明确指出,"要全面贯彻党的教育方针,坚持教育优先发展,加快完善现代教育体系,全面提高教育质量,促进教育公平。"①毋庸讳言,完善的现代教育体系理应包括水利工程移民教育在其中的。新中国成立以来兴建的大型水利工程为社会主义现代化建设奠定了良好的基础设施支撑,但同时也出现了相关的衍生问题。在既得利益补偿之外最为重要和具有战略性的恐怕要数由此而产生的工程移民的教育问题了。教育资源如何重新布局、教育效果如何评估、教育政策如何适时调整都与我们当前贯彻执行的五大发展理念中的协调发展和共享发展的理念息息相关。对于诸如此类问题的问题

---

① 《中华人民共和国国民经济和社会发展第十三个五年规划纲要(2016—2020)》,人民出版社 2016 年版,第 142 页。

进行深入的理论分析和学术探讨，在今天显得十分必要、紧要和重要。

一、大型水利工程移民缘何要关注教育问题

（一）中国水利工程移民现状及其教育问题

经济、科技的发展使得世界各地陆续兴建了很多大型的工程，如水利工程、高速公路、铁路、城市建设等。很多会产生大量的工程移民，其中以水利工程移民最具有代表性——相对于其他工程移民而言，大型水利工程移民特别是水库移民具有移民数量巨大、牵涉范围广泛、移民自身素质低而且适应新环境能力差、安置难度大等特点，引起社会关系调整最复杂、遗留问题最突出。

新中国成立以来，国家进行了大规模的经济建设，同时也产生了约4000多万人的工程性移民，其中修建各类水库水电站8.6万座，造成水库移民1200多万人（动迁人口）。水利水电工程建设能够给社会带来可观的经济效益和社会效益，但由于工程建设不可避免地要征用或淹没大片的农田、拆迁大量的房屋、搬迁许多工矿企业从而产生严重的财产损失，经济和社会系统遭受破坏，受影响的人群丧失了赖以生存的生产资料和生活资料。在迁移、安置、重建中，移民的生产、生活、心理以及长期形成的传统文化、宗教信仰和风俗习惯都受到巨大的冲击；在迁移后，为恢复正常的生产生活，移民也必然在住房、食物、饮水、交通、教育、文化、医疗卫生、创业和就业等方面遇到许多新问题。被移民后，由于补偿不到位或者在新的迁移地得不到很好的发展，导致生活水平严重下降，陷入长期的贫困中。由于历史上的原因，在1986年以前修建的水库的移民，在生产和生活上不同程度地存在

一些遗留问题。仅中央直属的 87 座水库水电站的 510 万移民中,到 1999 年年底还有 160 万人仍处于贫困线以下,占移民总数的 31%还要多(唐传利,2004)。

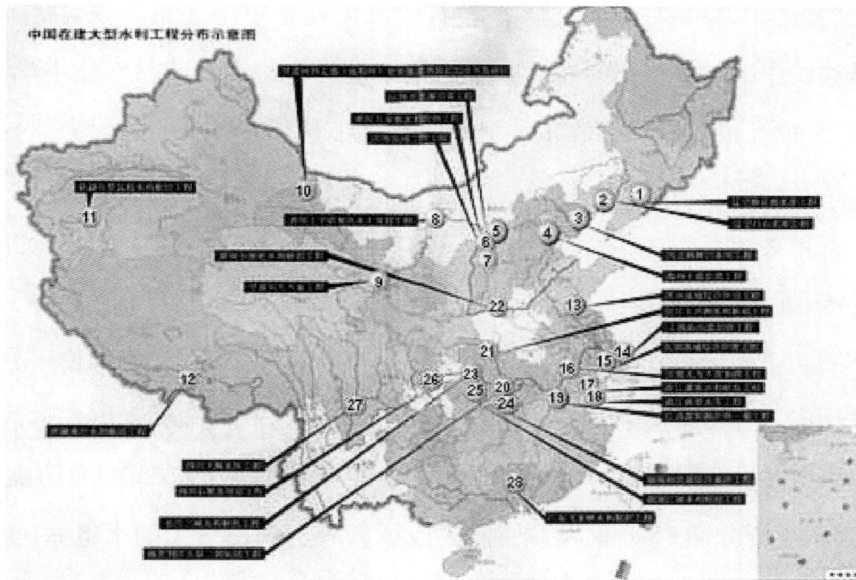

图 0-1　我国主要水利工程分布图

表 0-1　近年我国主要大型水利工程

1. 辽宁观音阁水库工程	15. 太湖流域综合治理工程
2. 辽宁白石水库工程	16. 安徽无为大堤加固工程
3. 河北桃林口水库工程	17. 浙江珊溪水利枢纽工程
4. 海河干流治理工程	18. 浙江碗窑水库工程
5. 山西万家寨引黄工程	19. 江西鄱阳湖治理一期工程
6. 黄河万家寨水利枢纽工程	20. 湖北荆江大堤二期加固工程
7. 山西汾河二库工程	21. 汉江王甫洲水利枢纽工程
8. 黄河上中游地区水土保持工程	22. 黄河小浪底水利枢纽工程
9. 甘肃引大入秦工程	23. 长江三峡水利枢纽工程
10. 甘肃河西走廊(疏勒河)农业灌溉暨移民安置合作开发项目	24. 湖南洞庭湖防洪蓄洪工程
11. 新疆乌鲁瓦提水利枢纽工程	25. 湖南江垭水利枢纽工程
12. 西藏满拉水利枢纽工程	26. 四川石板水电站工程
13. 淮河流域综合治理工程	27. 四川大桥水库工程
14. 上海防汛墙加固工程	28. 广东飞来峡水利枢纽工程

我国对于水利工程移民有专门的移民局负责,水利部专门设立水库移民开发局,并设立中国水工程移民网。水利工程移民工作主要包括移民安置和后期扶持两个阶段。政府在移民过程中已经制定了一系列政策以保障移民"搬得出、稳得住、能致富"。教育政策无疑是重中之重。教育资源布局是移民中的一个重要问题。原来的政策是几乎每个行政村都建小学,但是几年过后,很多村的学龄儿童跑到邻村上小学了——有的是因为邻村教育质量好,有的是因为村里学龄儿童少无法维持。

近年来,我国典型的大型水利工程有长江三峡水利枢纽工程、南水北调工程等,都具有投资巨大、影响范围广泛、牵涉移民量巨大等特点。

三峡工程分布在重庆市到湖北省宜昌市的长江干流上,大坝位于三峡西陵峡内的宜昌市夷陵区三斗坪,并和其下游不远的葛洲坝水电站形成梯级调度电站。三峡工程分三期,从1994年开工,到2009年竣工,总工期17年,工程投资总额1800亿元左右。建成了世界上规模最大的水电站,也是中国有史以来建设的最大型的工程项目。工程在防洪、发电、航运等方面取得巨大效益,但是也引发了对库区文物、生态与环境、移民、地质灾害和国防安全等诸多问题。三峡工程全部竣工后,库水淹没区将涉及湖北和重庆的20个区市县,最终动迁移民113万,其中重庆16个区市县受淹,移民数量占整个库区移民的85%左右。

南水北调工程分西、中、东三条线路,分别从长江上、中、下游调水,形成连接长江、淮河、黄河、海河的配水网络。其中,中线工程规划从长江支流汉江(丹江口)库蓄引水,经伏牛山和太行山山前平原,沿京广铁路西侧开渠自流输水到北京和天津。沿途经河南南阳、平顶山、许昌、郑州、焦作、新乡、鹤壁、安阳等城市,自河南南阳出境,河南境内骨干线路全长731KM。河南是南水北调配水系统中的关键地区。骨干及辅助系统覆盖各个市县,移民

16.2 万人。

水利工程移民主要依据法律、行政法规和规范性文件、部门规章和规范性文件、后期扶持政策配套文件等。

（1）依据的法律包括：

中华人民共和国农村土地承包法（2002 年颁布）；

中华人民共和国土地管理法实施条例（1998 年颁布）；

中华人民共和国城乡规划法（2007 年颁布）；

中华人民共和国物权法（2007 年颁布）；

中华人民共和国民族区域自治法（2001 年修订）。

（2）依据的行政法规和规范性文件包括：

国务院办公厅关于进一步做好农民工培训工作的指导意见（国办发〔2010〕11 号）；

国务院关于开展新型农村社会养老保险试点的指导意见（国发〔2009〕32 号）；

大中型水利水电工程建设征地补偿和移民安置条例（国务院令第 471 号）；

南水北调工程建设征地补偿和移民安置暂行办法（国调委发〔2005〕1 号）。

（3）依据的部门规章和规范性文件包括：

关于印发《大中型水利水电工程移民安置前期工作管理暂行办法》的通知；

库区建设基金县级报账制实施办法（水移〔2004〕55 号）；

关于印发《中央直属水库移民遗留问题处理培训费和规划费使用管理有关规定》的通知；

关于印发《中央直属水库移民遗留问题处理规划实施统计工作管理办法》的通知；

中央直属水库移民遗留问题处理规划实施稽查办法（水移〔2005〕43号）。

（4）依据的后期扶持政策配套文件包括：

《四川专员办跨省际大中型水库库区基金征收管理实施细则》的通知（财驻川〔2009〕115号）；

国家发展改革委办公厅、水利部办公厅关于印发大中型水库移民后期扶持政策有关配套文件的通知（发改办农经〔2006〕1249号）；

违反大中型水库移民后期扶持基金征收使用管理规定责任追究办法（第13号）；

国家发展改革委关于进一步做好大中型水库移民后期扶持政策实施工作的意见（发改农经〔2007〕1800号）；

国家发展改革委关于印发大中型水库移民后期扶持政策宣传提纲和国发〔2006〕17号文件政策解答的通知（发改农经〔2006〕1539号）。

从上面的法规制度可以看出，没有专门针对移民教育的法规。各个法规中有些会涉及移民问题，但是也缺乏系统的研究。当前我国在大型水利工程移民方面已经积累了很多经验和教训，在此背景下，研究移民教育资源配置，尤其是移民教育资源在农村的配置显得尤为重要。

（二）大型水利工程移民教育体系研究的意义

以农村基础教育结构、资源布局在城镇化过程中的发展变化趋势分析为基础，系统研究移民基础教育资源配置问题，使大型水利工程的建设不仅是工农业结构调整发展、生态环境改善的契机,同时也推动教育的发展,使人才培养满足社会进步的需要。

我国大型水利工程移民主要迁往农村,农村在教育方面的主要问题是师资水平低、各村距离较大、很多村子规模小导致生源不足等。目前的移民政策导向是基本上每村都建小学,但是建后若干年有的村小学由于规模小、教学质量差等原因被取消而被并到邻村的学校,导致原来小学荒废,浪费了大量资源;有的村由于规模大、教学质量好等原因可以吸引附近村庄的生源而导致该学校校舍紧张、急需扩建。所以系统的研究大型水利工程移民在农村的教育资源配置可以起到杜绝这种一方面教育资源浪费,另一方面教育资源不足的局面。良好的教育资源规划能:

(1)更好地促进移民工作;

(2)合理规划社会的有效教育资源,避免浪费;

(3)使移民子女获得更好的教育,为随后的经济发展打好基础。

二、大型水利工程移民教育体系研究的主要内容与技术路线

通过对大型水利工程移民教育分析,找出其中在教育资源布局中存在的主要问题,结合我国教育资源布局调整的趋势分析,找到解决移民教育问题的思路。首先建立移民教育体系,然后引出三个核心问题:大型水利工程移民教育资源布局、大型水利工程移民教育政策、大型水利工程移民教育评估。通过实证研究验证研究的结果,最后总结结论,并展望有待研究的问题。

```
        ┌─────────────────────┐   ┌─────────────────────┐
        │ 大型水利工程移民教育概况 │   │ 我国教育资源布局调整概况 │
        └─────────────────────┘   └─────────────────────┘
                    │                       │
                    └───────────┬───────────┘
                                ▼
                  ┌─────────────────────┐
                  │ 大型水利工程移民教育体系 │
                  └─────────────────────┘
            ┌───────────────┼───────────────┐
            ▼               ▼               ▼
    ┌─────────────┐ ┌─────────────┐ ┌─────────────┐
    │ 大型水利工程  │ │ 大型水利工程  │ │ 大型水利工程移 │
    │ 移民教育政策  │ │ 移民教育评估  │ │ 民教育资源布局 │
    └─────────────┘ └─────────────┘ └─────────────┘
                          │
                          ▼
                  ┌─────────────┐
                  │  实证研究    │
                  └─────────────┘
                          │
                          ▼
                  ┌─────────────┐
                  │  结论与展望  │
                  └─────────────┘
```

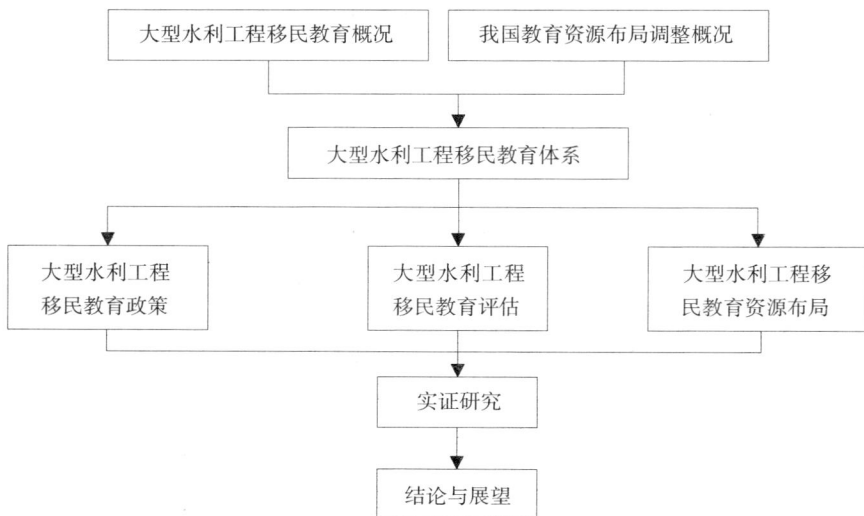

图 0-2　技术路线图

三、开掘中国国民教育体系的新领域

（一）本项研究的基本框架体系

1. 提出移民教育体系

当前已经存在各种教育体系,但是对于大型水利工程移民的教育还没有建立起比较完善的体系或制度,大多数的水利工程移民是根据工程的临近和工程导致移民所产生的问题,才考虑到对移民的教育。

大型水利工程移民通常具有以下特点:(1)政府主导;(2)多方参与性;(3)有组织性和系统性;(4)规模性和复杂性;(5)非自愿性和被动性;(6)经济性;(7)社会性;(8)长期性;(9)发展性。针对以上特征,结合现有教育体系的优势，以及大型水利工程移民教育体系存在的问题，我们对大型水利工程移民教育体系的构建提出建议。

2. 大型水利工程移民教育资源在农村的（资源）配置模型和方法

由于城镇移民的教育主要牵涉到将适龄学生转入当地学校，所以相对简单。农村移民小学学校面临很多选择——独立建校、独立部分建校、合并到当地学校、将当地学生合并到移民学校等，决策条件复杂、结果多样，适合用定量决策研究。好的决策不仅仅要把握方针、政策等进行分析和决策的定性方法，还要掌握定量的决策方法。将针对农村移民小学学校布局问题展开定量研究，给出模型和算例。

3. 大型水利工程移民教育资源在农村的（资源）配置政策的博弈分析

教育事业是利国利民的国家大计，教育事业的发展水平从某种程度上决定一个地区、一个民族乃至一个国家的长期持续的发展水平。而教育事业在相当程度上，是一个公益事业，不仅需要国家、社会投入大量的人力物力，而且需要国家站在自身发展以及人民的利益层面上，制定相关的法律法规、国家（地方）政策等，以保障教育事业的发展。

而对于大型水利工程的移民教育来说，移民教育事业的发展由于自身移民的相关影响，也会带来与其他教育不同的独特性。这就需要国家与当地政府通过投入大量的资金资源，制定相应的政策措施来保证库区移民百姓"迁的出、住得下"的基本要求。根据相关的调查研究表明，大型水利工程的移民教育存在许多问题，诸如大多数库区的移民百姓的受教育程度相对于普通民众而言是偏低的，由于自身的经济发展也相对滞后，教育的发展水平也相对比较落后等。这就需要我们的国家和政府不仅要投入相当数量的资金与资源予以扶持和建设，而且需要相关的政策法规予以保障，切实地提高大型水利工程移民教育水平与发展水平。

主要就我国大型水利工程(库区)的相关教育政策,分析相关各方的利益所在以及存在的矛盾与纠结;基于博弈论的思想,建立一个相关利益者的博弈模型,并以此模型为基础分析相关政策的制定;在分析模型的基础上,提出可能存在的问题与风险,并提出相应的模型修正与解决方案。

4. 大型水利工程移民教育资源在农村配置问题评价指标体系

在普通教育评价的基础上,提出了移民教育评价问题,重点突出了如下指标:移民与迁入地学生受教育程度比较、移民学生归属感、移民前后受教育程度、移民教师安置情况等。

(二)本项研究的创新之处及研究展望

国内外对大型水利工程相关教育问题的研究为数不多,而且大多数集中在对移民的培训再就业教育上,对水利工程移民进程中出现的农村以及基础教育关注度不够,这也正是本项研究的出发点和着力点,当然也是本研究的创新之处所在。另外,现有研究所关注的水利工程地域性较强,如三峡工程等移民大多只涉及一个省份居民的移民及其教育问题,本研究所选取的研究样本南水北调中线工程以河南省相关县市为主,但又不限于河南省,对河北、山东南水北调工程沿岸的移民教育样本亦有所参照,体现出大型综合性水利工程移民教育的综合性和系统性。第三点创新在于本项研究运用经济学的实证分析法和博弈论理论,分析研究大型水利工程移民教育系统的相关问题,从管理学视域提出破解现实问题的决策指标和路径,体现出研究的综合性。

本项研究主要以南水北调中线工程为样本研究了大型水利工程移民教育的系统构建、资源配置以及教育政策调整三个主要问题。当然,大型水利工程移民所关涉的教育问题肯定不局限于本研究的关注点,譬如不同教育类型的协同统筹问题、教育与移民经济、社会地位以及文化、心理等的相关度问题,工程移民后的行政归属的划分问题都是十分重要的研究课题。对于这些与大型水利工程移民教育相关的主题,作者会在后续的研究中继续推进。

第一章　水利工程移民教育的
理论阐明与研究现状

　　20世纪70年代以来,由于世界人口急剧膨胀,人类社会遇到了前所未有的能源和环境危机。能源不足已成为制约经济发展的重要因素,而频繁的自然灾害,如山洪暴发、江河泛滥、干旱等问题也日益为世界各国所关注。由于修建水利水电工程不仅可以满足人口和经济增长导致的长期电力需求量的增长,而且在防洪、灌溉、航运、民用与工业供水、水资源综合利用以及调节江河径流、改善生态环境、保障人民生命安全等方面有着巨大的社会、经济和生态效益,所以,世界各国修建的水利水电工程也是逐年增加。据国际大坝委员会(ICOLD)的统计,除中国外,全世界现有大坝(国际大坝委员会分类标准,大坝坝高>30m)已超过35000座。高峰时期,全世界每年有300座大坝开工。新中国成立以来,仅水库工程就兴建了86000余座。但是,水利水电工程的巨大效益是以付出一定的淹没损失和产生大量移民问题为代价的。正如土耳其的移民专家Raifozen Ci(1993)所指出的:"非自愿移民是一个在开发过程中经常遇到的问题,其重要性非常明显,以至于对它的关注胜过环境本身的敏感性。"

江泽民总书记在 1997 年三峡工程大江截流仪式上讲话指出："做好移民工作,是关系到三峡工程进展和成败的关键。"[①]正因为如此,三峡工程的百万移民问题被喻为一道"世界级"的难题。水利工程移民是一个较为特殊的移民范畴,指的是由于修建水库蓄水造成一定范围的淹没和浸没,将使库区内及库周边原有耕地、建筑物及矿井等被废弃,住房、工厂、交通线路等被迫迁址改建,居民随之迁移,这些被迫迁移的居民称为水利工程移民。我国正处于社会主义初级阶段,经济与建设快速发展的时期,随着各种大型水利工程的建设,移民问题成了一个不容忽视的问题。

一、水利工程移民的内涵、分类及特点

(一)移民的概念及分类

移民是指人口在不同地区或者是同一地区不同地点之间的迁移活动,以及由此带来的相关社会系统的重建过程。移民,作为名词,是指迁移人口的个人或其集合:作为动名词,通常是指人口的迁移活动。移民作为一种世界性的政治、经济与文化综合现象,在《辞海》中的释义为:(1)迁往国外某一地区永久定居的人;(2)较大数量的、有组织的人口迁移。与这两种释义相对应的英文单词分别为 imresettlement 和 resettlement。本书研究的水利工程移民现提出的水利工程移民教育体系的概念以及构建其理论体系的视角在于后者,即把"移民"一词的特定内涵定位于"较大数量的、有组织的人

[①]　江泽民:《在三峡工程大江截流工程上的讲话》,http://www.hb.xinhuanet.com/sx/ldgh/ld8.htm。

口迁移过程及其社会体系的重建过程"①。

移民是人类发展演进的重要运动方式,伴随人类历史而产生、发展,并形成波澜壮阔的移民史。从某种意义上说,人类的发展史就是一部移民史,移民促进了人类文明的交汇融合。但从严格意义上说,真正的移民是从人类进入农耕经济时代开始的。移民的产生有多种动因,归纳起来主要有自然灾害、政治、宗教、军事、生态环境变化、经济利益和工程建设六种:(1)自然灾害因素。由于干旱、洪水、狂风、暴雨、泥石流、冰雹、地震、山崩、海啸、火山爆发、蝗虫以及瘟疫等自然灾害,往往对人们的生存造成直接的危害,迫使人口大规模迁移,以寻找有利于生存和发展的地方;(2)政治宗教因素。因种族、宗教、政治等原因而造成的大规模人口迁移,在人类历史上并不少见,如 18 世纪迁往美洲新大陆的很多欧洲移民,其重要动因就是躲避政治宗教迫害;(3)军事因素。因军事因素而导致的移民主要有两种:一种是由于战乱迫使人们大量地迁移到相对安定的地方生活,另一种是因为边疆卫戍、战略要地粮草补给等国防安全的需要而大规模地迁移人口;(4)生态环境因素。是指因生态环境条件恶化而丧失人类居住条件的原因而产生的生态环境移民;(5)经济因素。主要是指由于追求更好的经济条件、更高的生活质量、更加适合自己生存发展的自然和(或)人文环境而以人才流动、劳工定居等形式而产生的人口迁移;(6)工程因素。是指因社会经济发展而大量新建水利、电力、公路、铁路、机场、城市交通网络、河道工程等而导致的工程建设移民;(7)教育移民。为了获得更好的教育资源而进行的移民。②

---

① 参见曾明德、戚攻:《移民经济学导论》,《探索》2002 年第 2 期。
② 参见施国庆:《水库移民学探讨》,《水利水电科技发展》1999 年第 1 期。

从不同的角度来考察移民问题,可以划分为不同的类型。通常,将移民类型按移民的动因、移民的意愿、移民的方向三种方式进行划分。

1. 按移民动因分类

按移民行为和移民现象的动因进行分类,可以分为灾害性移民、政治宗教性移民、军事性移民、生态环境性移民、经济性移民和工程性移民。

2. 按移民意愿分类

按移民自身的意愿来分类,可以分为自愿性移民(voluntary resettlement)和非自愿性移民(involuntary resettlement)两大类。而进一步考虑移民行为的主动性程度,则可以按移民的自愿性程度和主动性程度分为四类:(1)被动的非自愿性移民,即移民既是非自愿的又是被动的。如秦始皇"徙豪强于咸阳"的 12 万户居民是被动的非自愿移民,非洲 1000 多万黑奴被贩卖到西印度群岛、美国等地也是被动的非自愿移民。值得关注的是,大部分的水利工程移民都属此类移民。当然,随着社会和经济的发展,国家有关优惠政策的制定落实、有关补偿标准的提高和人们改善生产生活条件愿望的增强,水利工程移民也能从被动的非自愿性移民演变为被动的自愿性移民;(2)被动的自愿性移民,即以被动方式表现出来的自愿性移民。因躲避重大自然灾害、战争、战乱等而造成的移民,虽然行动上是被动的,但又是自愿的;(3)主动的非自愿移民,即以主动形式表现的非自愿性质的移民,主要是因种族、宗教、政治等原因而造成的政治移民、政治难民等;(4)主动的自愿移民,即以主动形式表现出来的自愿移民,大多因经济性因素进行的移民,如中国历史上有名的"闯关东""走西口""下南洋"和工业化过程中的"进城市"等经济性移民以及不同国家或地区之间的人才流动等都属此类移民。①

---

① 参见张宝欣:《开发性移民的理论与实践》,中国三峡出版社 1999 年版。

3. 按移民方向分类

按照移民的地域空间分类,主要可以分为从农村到农村、从农村到城市、从城市到农村、从城市到城市、国际迁移五种形式:(1)从农村到农村,即移民从某一地区的农村迁往另一地区的农村,移民仍然从事农业生产经营活动。这类移民是以自然经济为基础的原始社会、奴隶社会、封建社会内部人口迁移的基本形式。我国历史上的戍边移民、"江西填湖广,湖广填四川"、"闯关东"等都属于这种移民类型;(2)从农村到城市,这是近现代移民的主要形式,也是工业化、城市化和现代化的必然趋势和结果。我国近100年来从农村迁移到城市的移民数以亿计,有力地推动了我国经济发展和社会进步以及我国的城市化进程;(3)从城市到农村,这类移民往往是因特殊的人口政策或其他原因而形成的,绝大多数带有政府动员、鼓励和组织的性质。如我国20世纪50年代城市知识青年支援边疆生产建设,60年代初下放2000多万城镇人口到农村,就属于这一类移民;(4)从城市到城市,这是现代化城市大批涌现出来后的一种新的移民方式。当前,在城市化高度发达的国家,这类移民已经上升为移民的主要形式;(5)国际移民,即移民从一个国家迁移到另一个国家。在当代,这类移民主要是因经济性因素或政治性因素移居别国,如人才流动、外籍劳工定居、国际难民等。①

二、水利工程移民:内涵与特色

移民一般分为自愿移民和非自愿移民。因自然资源开发、江河流域治

---

① 参见张宝欣:《开发性移民的理论与实践》,中国三峡出版社1999年版。

理和工程建设等而发生的、较大规模的、有组织的人口迁移与社会经济系统重建活动,属于非自愿经济性移民的范畴。这类现象发生的过程,既是经济资源与生产要素重新整合的过程,又是社会结构局部性变迁与发展、社会关系重构的过程。因此,所谓"大规模非自愿经济性移民"是指因国家(政府)大规模经济建设、工程建设或江河流域治理等而发生的、有组织的、大规模非自愿移民现象和社会行动方式的总称。①

　　水利工程移民,顾名思义,是指筑坝建水库淹没征用土地而引起的移民。显然,水利工程移民的产生是国家或社会为了获得水利水电资源而修建水库或为防止水灾而进行江河整治,水利工程移民不是按他们自己的意愿自行迁移,而是属于非自愿移民活动。水利工程移民数量大,又很集中,一座大中型水利工程移民少则几千,多则数万、数十万,乃至上百万,往往涉及城镇、工矿企业、交通设施、社会文化、人际关系等各个领域,影响面很大,情况十分复杂。正因为水利工程移民涉及面广、影响面大、情况复杂,所以需要具有公共职能的政府机构来主导。同时水利工程移民涉及政府、移民、业主、规划设计机构、迁入地居民等各个利益主体,因此多方参与必不可少。另外,水利工程移民是一个系统工程,有政府的主导和多方的参与,从其前期规划到搬迁安置再到后期扶持,整个历程都是一个有组织的过程。因此,水利工程移民是指因水利水电资源开发建设或大江大河治理而发生的、国家(或政府)主导的、多方参与的、有组织的、大规模的非自愿迁移过程及其引发的社会经济系统重建活动。②

---

① 参见唐传利:《中国水库移民政策与实践》,河海大学出版社 2002 年版。
② 廖蔚:《水库移民经济学》,四川大学博士学位论文。

（一）水利工程移民的内涵

水利工程移民是一个复杂的概念，具有十分丰富的内涵①：

（1）从移民涉及主体角度来讲，水利工程移民是指因水利水电资源开发或大江大河整治而引发的移民人口的个体或者集合，是水利工程移民活动的主体。作为一个特定集合，水利工程移民一般具有非自愿性、消极被动性、依赖性、高指靠性等特征。此外，我国水利工程移民还有如文化、知识和技能水平普遍偏低，综合素质不高，心理素质较脆弱，经济基础薄弱，创业的客观条件比较差等特点。

（2）从移民过程的角度看，水利工程移民表现为前后两个紧密联系的阶段。首先是一个人口迁移过程，同时又是一个社会经济系统重建的过程。水利工程移民从前期的规划设计，到搬迁实施，再到后期扶持是一个大规模人口整体迁移的过程；而水利工程移民在打破原居住地固有的社会经济系统的同时，给安置区原有社会经济系统带来冲击与碰撞，并在冲击与碰撞中融合，是一个带有移民特质的社会经济系统的重建过程。

（3）不管是移民主体或者是移民活动，水利工程移民都具有特定边界和时期。从经济学角度定义的"移民"，与从社会或文化角度定义的"移民"，具有不同内涵。在水利工程移民经济中的移民主体是指因水库建设占用和淹没土地所涉及的迁移人口，包括一次迁移人口和二次迁移人口，对于迁移后增加的移民，即移民的后代，是否计入移民人口，有一个时间限制，而不像愚公移山那样，子子孙孙无穷无尽。同样对于移民活动而言，水利工

---

① 廖蔚：《水库移民经济学》，四川大学博士学位论文。

程移民也有一个边界界定和时间限制,特指移民系统(从地域角度来说,包括水库淹没影响区和移民安置区)从打破原有均衡,到重新恢复至新的不低于原有均衡的过程。

(二)水利工程移民的显著特征

水利工程移民主要有如下特点[①]:

1. 政府主导

水利移民的产生是因为国家(政府)开发水利水电资源或治理大江大河而引起的居民搬迁,移民的实施机构是各级地方政府以及各级地方政府移民办(局),具有政府主导性和一定的强制性。各级地方政府及其移民办(局)利用市场经济手段与宏观调控相结合的方式来进行移民安置工作。政府审定安置补偿标准,审查安置规划,确定安置目标,制定和落实各种优惠政策来保证移民安置工作的顺利实施,保证移民搬迁后生产和生活尽快得到恢复和提高,尽快达到预定的政策目标;政府还要负责对移民安置过程中出现的各种问题进行处理,必要时会采用行政手段进行强制干预,确保移民工作进度,按期或提前完成移民安置工作,使移民工作与水利水电工程建设同步推进。

2. 多方参与性

水利工程移民是一项规模宏大的系统工程,其中涉及的主体众多,包括各级政府及其移民机构、水利工程移民、安置区居民、业主、规划机构、监理机构、金融机构、科研机构,等等。目前,我国水利工程移民已经确立了"各

---

① 廖蔚:《水库移民经济学》,四川大学博士学位论文。

方支援"的水利工程移民原则,号召社会各界都来帮助安置水利工程移民,动员各种力量支持和支援移民恢复生产,重建家园,发展经济。

3.有组织性和系统性

水利工程移民是政府主导的、多方参与的系统工程,体现出很强的组织性。在这个系统中,各个参与主体各司其职,各负其责,不错位,不缺位;整个系统流程,从前期规划设计,到搬迁实施,再到后期扶持,各个环节环环相扣,紧密配合;同时,相关的政策法规、机构设置、舆论宣传等保障体系紧密跟上,体现出很强的组织性。

4.规模性和复杂性

水利工程移民人口数量一般很大,一个大型水利工程的建设引发的移民通常成千上万,几十万乃至上百万;而且人口很集中,往往涉及整县、整乡、整村的搬迁,规模庞大。同时,水利工程移民不同于某种物资的空间调配转移,而是涉及移地、移人、移业、移境、移文化等各个方面,是一种整体性和复杂性都很强的迁移过程。

5.非自愿性和被动性

水利工程移民的产生往往是政府行政命令的结果,在其中,不愿搬迁的移民常常占了多数。因此,在移民自愿—非自愿的分析框架中,水利工程移民无疑属于非自愿这一级。水利水电工程建设时,不可避免地要征地和拆迁,当耕种的土地被征用而被迫迁移时,其原有的生产系统将遭受到破坏,大量有收益的土地和其他生产资料将会丧失,收入来源减少;教育和医疗保健等福利设施及服务将会出现过渡性的倒退现象;社会关系网络也面临解体。按目前我国水利工程移民补偿标准和组织水平,淹没和迁移给库区移民带来的经济损失和非经济损失,远远大于其所能得到的补偿,因此,几乎所有的水利工程移民工程都显示出了移民搬迁的非自愿性和消极被动性。

6. 经济性

水利工程移民的经济性主要表现在两个方面：一是在移民动因上，是为了获得水利水电资源；二是在移民迁移安置过程中，表现为移民损失的补偿性和移民投资的经济性。由于补偿工作大多在移民安置前期进行，补偿工作的好坏在很大程度上决定移民对安置工作的配合程度。水利工程移民补偿主要包括：青苗补偿、土地补偿、房屋补偿、安置补助、搬迁补助等。而其他移民投资，主要体现在交通、通信、引水、教育、卫生等基础设施的投资建设。这些补偿和投资对于恢复移民的生产生活水平有着重要的作用，因此补偿标准和投资规模一定要合理，落实一定要到位。

7. 社会性

水利工程移民安置是以人为中心的活动，人的社会性决定了水利工程移民活动的社会性。水利工程移民活动综合考虑到社会、政治、经济、文化、习俗、环保、就业、安置区公共设施以及移民与安置区原有居民的融合问题。若有遗漏，就可能造成移民工作的失误，带来巨大的经济损失，严重伤害移民的情感，给后续的移民工作带来困难。因此，在移民安置工作中，必须编制切实可行的移民安置规划，从而保证移民搬迁后生产生活得以恢复和提高。

8. 长期性

移民安置工作不能以向移民支付完补偿费，把他们从原居住地搬迁至安置区之后就算结束。水利工程移民迁建过程大致要经过三个阶段：第一是前期淹没处理阶段，大概需要3—5年乃至更长时间（视工程规模大小而不同）；第二是移民迁建实施阶段，大概需要3—5年；第三是恢复发展生产阶段，大概需要7—10年。可见，水利工程移民是一项长期的工作，绝非一朝一夕就能够彻底解决好的。

9. 发展性

水库淹没在给移民带来巨大损失的同时,也孕育着恢复和重建的大好机遇。开发性移民实现了移民系统的重建和恢复,在移民重建家园的过程中可以趋利避害,因地制宜地用符合社会发展的新思路去规划和建设移民安置区的社会经济系统。因此,水库建设给移民带来了开发资源、发展经济、建设新住地的机遇,有利于安置区人口、资源、环境、社会与经济的可持续协调发展。

(三)水利工程移民与其他移民的对比分析

1. 自愿性移民与非自愿性移民的区别

水利工程移民与其他移民的区别,首先体现在非自愿性移民与自愿性移民的区别上。顾名思义,自愿性移民与非自愿性移民的分野是以移民自身的意愿角度来考察的。自愿与否,是移民主体根据移民的经济性成本—收益和非经济性成本—收益两个方面综合考虑后所获得的主观评价,自愿性移民是其预期综合收益大于成本的结果,而非自愿性移民则相反。当然,移民自愿与否不是绝对的,在一定条件下他们可以相互转化。

自愿性移民和非自愿性移民除了移民意愿不同外,还在以下方面存在区别:

(1)在移民动因上,自愿性移民往往是移民个体出于追求更好经济利益或其他利益而作出的理性选择,以个体理性原则为出发点,而非自愿性移民往往是国家(政府)为了获得经济利益或其他利益而作出的理性选择,以国家、社会或集团的理性为出发点;(2)在移民动力机制上,自愿性移民的迁移动力机制可以用迁移的成本—收益模型或推力—拉力原理来解释,或可被解释为迁所引起的净收益为正,或是由于迁出地、迁入地的排斥性因素(推力)和吸引性因素(拉力)综合作用的结果。对于自愿移民来说,迁移的原因主要在于迁入地的拉力,而非自愿性移民则相反,迁移更多的是出于迁出地的推力(包括资源开发、环境恶化、经济困难、政治迫害等);(3)在移民搬迁主动程度上,自愿性移民一般较为积极主动,而非自愿性移民一般较为消极被动;(4)在移民对政府的依赖性方面,自愿性移民一般积极主动,强调自立自强,对政府或其他组织的依赖性较低,而非自愿性移民则往往表现出对政府较高的依赖性;(5)在是否搬迁的选择性方面,自愿性移民出于自愿,是人们自己要迁移,具有很大选择性,而非自愿性移民在搬迁的整个过程当中,对于是否搬迁等没有选择的余地,而是由淹没和工程占地来决定。此外,在移民组织程度、政府参与程度、移民规模、移民心理情感等方面,自愿性移民和非自愿性移民都有区别。

2. 水利工程移民与其他工程性移民的区别①

按工程性质及其导致的移民特点,工程移民分为城建(含工业)移民、交通(含铁路、河道等)与电力移民、水利工程移民三类,每一类别有其不同的特点,以下作一个简要的比较分析。

(1)城建(含工业)移民

是指城市规划区内道路等基础建设、旧城改造、工业企业迁移或新建、开发区建设所产生的移民。其特点是多数呈块状分布或沿道路两侧,呈带状分布,房屋拆迁和居民新房安置任务重、较集中、工作量大,但移民就业问题相对较少。由于土地级差地租原因,城建移民的补偿标准与农村征地拆迁费用标准往往存在着巨大的差别。

---

① 廖蔚:《水库移民经济学》,四川大学博士学位论文。

（2）交通（含铁路、机场、河道等）与电力移民

这类项目多数征地范围呈带状分布，宽度数米到数百米不等。特点是：征地拆迁范围涉及行政区域（省—市—县—乡—村—组）多，但每个单元（乡、村）征用土地占土地总面积比例不大，由于工程设计时尽量避开居民点，故拆迁移民数量和水库、城建项目相对较少，该类项目因项目所处行业特点不同，征地区受益程度不同，往往移民费用相差甚大，达数倍甚至十倍以上。

（3）水利工程移民

水利工程移民的特点是：项目多处偏远山区，淹没区大多属于河谷地带，人口相对密集，征地拆迁涉及的移民数量均比较大，往往涉及整村、整乡甚至整县的居民搬迁。兴建水库和大坝通常需要永久性征用坝区和库区的大量土地，引发大量的城（集）镇、居民点、工矿企业、专项设施的迁（改）建，拆迁大量的房屋与建筑物，可能影响当地现存的交通、通信、经济与社会网络、资源开发利用和生态环境系统。可能会引起大规模的、远距离的人口迁移活动和社会经济系统重建活动，可能造成严重的、广泛的和长期的影响，因而独具复杂性和艰巨性。

三、水利工程移民研究的历史与现状

（一）国内学者对水利工程移民研究的现状

中华人民共和国成立以来，规模巨大的移民保证了水利水电工程建设的正常进行，却留下了令人困惑烦恼的遗留问题。人们在自觉到水利工程

移民不尽如人意的情况下,提出实行"开发性移民方针",应"使移民生产生活达到或超过现有水平"。为此,要求对水利工程移民实行国家扶持、各方支援与自力更生相结合的原则,采取前期补偿、补助与后期生产扶持相结合的方针……在这样的背景下,国内诸多方面加强了水利工程移民研究。

1. 移民遗留问题的研究现状

文献统计显示[①],中国 1000 多万安置者中的 46% 处于极度贫困。印度 75% 的被迁移者没有进行重建,处于贫困。到 1993 年,印度尼西亚 Kedungombo 大坝 32000 被迁移的人中的 72% 安置后的状况更糟。而学者贾晔提出[②],20 世纪 80 年代末期,我国已建 8.6 万多座水库的 1600 万移民中,生存与发展问题解决较好的占 40%,一般的占 40%,较差的占 20%。

参阅相关文献[③④⑤⑥⑦⑧⑨⑩]可知,国内研究水利工程移民遗留问题主要集中在两个方面:极度贫困化和严重的返迁现象。对于遗留问题的现状常常用"七大难""八大难"来描述。

(1)住房难:五六十年代的移民中,时至今日还有相当一部分居住在当年搬迁时匆匆赶建的房子里。

(2)吃粮难:有相当一部分移民不同程度地存在着吃粮难的问题。据统计,1994 年部属水库 450 万移民中,就有 212 万人不同程度地缺粮,年缺

---

① Dams, Development. A New Framework for Decision Making. http://www.dams.org/report/.
② 贾晔:《水库移民发展系统建设刍议》,《改革与战略》1996 年第 2 期。
③ 黄爆、施国庆:《水库移民遗留问题成因分析与对策》,《水利经济》2000 年第 5 期。
④ 茹迎星:《水库移民遗留问题及其处理》,《中国农村水利水电》1998 年第 3 期。
⑤ 顾茂华、荀厚平:《水库移民遗留问题处理》,河海大学出版社 2000 年版。
⑥ 王茂福、张明义:《中国水库移民的返迁及原因》,《社会科学》1997 年第 12 期。
⑦ 刘根生、徐和森:《水库移民——实践与探索》,华艺出版社 1991 年版。
⑧ 徐乘、唐传利:《三门峡水库移民社会经济发展战略》,黄河水利出版社 2000 年版。
⑨ 熊金香:《当前我省水库移民存在的问题及对策》,《求索》1997 年第 6 期。
⑩ 施国庆、陈绍军等:《中国移民政策与实践》,宁夏人民出版社 2001 年版。

粮 2.57 亿公斤。

（3）交通难、饮水难：移民搬迁多以后靠为主，随着搬上海拔数百米的高山分散居住，交通饮水自然不方便。据统计，目前至少有 280 万移民存在饮水困难。

（4）上学难、就医难：水库在淹没移民的田林家园的同时，也淹没大量公共设施，如学校、医院、影剧院等。这些公共设施一时难以复建，造成小学无校舍，看病无医院。现在库区学生在仓库、破庙、危房里上课的仍然不少见；移民聚集区有正规医院医疗站的寥寥无几。库区移民中学文化程度的不足 40%，高中以上文化程度的仅占 1.9%。

（5）用电难：很多工程中，移民们献出家园建了电站，源源不断的电流向外输送，而移民村至今尚未通电。

（6）这些材料说明一个严峻的事实：中华人民共和国成立以来几十年间的水利水电工程建设造成了众多移民的贫困化。这一点还可以用以下统计数据说明。

（7）目前还有 120 万移民的人均纯收入在 320 元以下，处于吃粮靠返销、穿衣靠救济、用钱靠贷款的贫困境地。

（8）已初步摆脱贫困的 100 多万移民，经济基础脆弱，自我发展能力差，抗灾能力低，返贫率高。

（9）移民与当地群众的差距不是缩小而是拉大了。1992 年，部属水利工程移民年人均纯收入 441 元，为移民所在县农民年人均纯收入 562 元的 78%，是全国农民年人均纯收入 784 元的 56%；1994 年，部属水利工程移民人均纯收入 572 元，仅为移民所在县农民年人均纯收入 971 元的 59%，是全国农民年人均纯收入 1220 元的 47%。自 1992 年至 1994 年，扣除物价上涨因素，水利工程移民年人均纯收入处于徘徊状态，而同期，移民所在县农民人均纯收入增长 33%,全国农民年人均纯收入增长 20%。这种差距的拉大,使移民心态更不平衡。

移民贫困化引发了大规模的返迁,运用行政(包括强制)手段可以迫使移民搬迁,却无法使他们定居。移民返迁曾是我国水利工程移民中的一个重大社会问题。据统计,50 年代末到 80 年代中期,水利工程移民返迁现象比较严重。丹江口水库河南淅川县移民 2.2 万余人,到 1960 年年底返迁1.5 万人,1973 年、1981 年,丹江口水利工程移民又出现两次大规模的返迁,涉及约 0.8 万人。三门峡水库实际移民 41 万人,该水库的移民特别是陕西库区的移民闹返迁的活动不断,规模较大的就有 17 次,每次人数千计,远迁宁夏贺兰、宁朔、永宁等 8 县的 3.1 万多移民中许多人曾涌进县城及西宁,包围政府、中断交通,长达 40 天。1985 年 5 月陕西移民再次闹返库,在西安大街游行,包围陕西省省委、省政府,持续 7 日,交通阻塞。中央不得不批复,要求库区驻军和农场职工退还 30 万亩土地,安置返迁移民 15 万人。新安江水库建成数十年后,有 2 万余人折返库区。

2. 移民政策的研究现状

为了使新建工程不再出现遗留问题,改革开放以来,移民问题就日益受到人们的重视,政府各级部门、从事移民工作的实践人员和专家学者都进行了大量的研究工作。与整个社会法制建设相伴随,有关移民的政策法规体系也在不断完善。对政策法规进行研究分析的文献很多,从 20 世纪 80 年代开始,与征地拆迁和移民安置相关的法律法规已多达数十种。

(1)中国家法律法规如下所示:[①]

《中华人民共和国宪法》(1982 年 12 月;日颁布,1999 年 3 月 15 日再次

---

① 魏珊:《非自愿性移民可持续安置与发展研究》,2004 年武汉大学博士论文。

修订）；

《中华人民共和国土地管理法》（1986 年 6 月 25 日首次颁布，1998 年 8 月 29 日再次修订）；

中华人民共和国房地产管理法（1994 年 7 月 5 日颁布）；

土地管理法实施条例（1998 年 12 月 27 日颁布）；

基本农田保护条例（1998 年 12 月 27 日颁布）；

大中型水利水电工程建设征地补偿和移民安置条例（1991 年 2 月 5 日颁布）；

长江三峡工程建设移民条例（1993 年 8 月 19 日颁布）。

（2）国家与省级发布的重要文件

南水北调工程建设征地补偿和移民安置暂行办法（国调委发〔2005〕1 号）；

国务院南水北调工程建设委员会关于南水北调工程建设征地有关税费计列问题的通知（国调委〔2005〕3 号）；

国务院南水北调办南水北调工程建设征地补偿和移民安置资金管理办法（国调办经财〔2005〕39 号）；

国务院南水北调办南水北调工程建设征地补偿和移民安置监理暂行办法（国调办经财〔2005〕58 号）；

国务院南水北调办南水北调工程建设移民安置监测评估暂行办法（国调办环移〔2005〕58 号）；

河南省人民政府关于南水北调中线工程丹江口水库移民安置优惠政策的通知（豫政〔2008〕56 号）；

河南省人民政务办公厅关于进一步推进南水北调中线工程丹江口库区移民新村建设的意见（豫政办〔2009〕11 号）；

河南省那水北调工程丹江口库区移民安置计划管理暂行办法（豫移办〔2008〕75号）。

3. 水利工程移民的经济学研究

国内关于工程移民问题的经济学研究主要源于针对具体项目的研究，如三峡工程、小浪底工程等[1][2][3]，然后逐渐开始形成移民经济学的理论雏形，其内容主要侧重于移民与区域经济发展的关系、移民经济开发、移民经济规划、移民损失与补偿分析、移民投资、移民生产生活水平分析、移民社会经济监测评估等。

从学科建设层面，施国庆[4]在《水库移民安置国际高级研讨会文集》的"编者的话"中首次正式提出水库移民学的概念。施国庆（1999）在《水利水电科技进展》中阐述了移民学学科建设的框架，将移民经济学作为工程移民学科的一个分支，在2002年则进一步提出了移民学学科体系和包括移民经济学在内的各个分支学科的研究框架。[5] 施国庆等（1996）在移民系统、移民经济发展规划、移民投资、移民效益、移民经济评价、移民财务评价、移民社会经济调查等领域都进行了有益的理论探索。

施国庆[6]在《水库移民学探讨》中指出：移民经济学主要研究因工程淹没、浸没、塌岸、滑坡、征地、拆迁引起的各类实物经济损失，移民迁移、重建造成的全社会各类经济消耗，征地拆迁补偿标准，移民投资计算，效益分析，国民经济评价，财务评价，移民对区域经济的影响，移民分享工程效益，移民

---

① 施国庆：《小浪底水库移民风险及其规避》，《学海》2001年第2期。
② 刘哲夫：《小浪底水库移民工作管理初探》，黄河水利出版社1998年版。
③ 朱东恺等：《小浪底移民生产经营模式创新：垣曲案例研究》，河海大学出版社2002年版。
④ 施国庆：《小浪底水库移民风险及其规避》，《学海》2001年第2期。
⑤ 施国庆等：《水库移民系统规划理论与应用》，河海大学出版社1999年版。
⑥ 施国庆：《小浪底水库移民风险及其规避》，《学海》2001年第2期。

过程中国家、集体、个人经济利益调节等。

吴宗法在其初步提出的目前阶段工程移民研究内容及框架中指出[①]，工程移民经济学包括：(1)导论。工程移民经济学研究的必要性，工程移民经济学研究的内容与范围，工程移民经济学与其他学科的关系。(2)工程移民的经济学理论基础。微观经济学、发展经济学、人口经济学、技术经济学、产业经济学、房地产经济学、资源经济学。(3)土地征用经济。土地征用经济理论基础，影响土地征用的经济因素分析，农用土地交换与价格，城市土地交换与价格。(4)房产拆迁经济。房产拆迁的经济学理论基础，影响房产拆迁的经济因素分析，农村房产的交换与价格，城市房产的交换与价格。(5)企业迁建经济。企业迁建的经济学理论基础，影响企业拆迁与重建的经济因素分析，企业产权交换与价格，企业迁建经济分析。(6)城(集)镇迁建经济。城镇迁建的经济学理论基础，影响城镇迁建的经济因素分析，城镇迁建的经济分析。(7)资源经济。资源占用的经济学，影响资源占用的经济因素分析，资源占用经济分析。(8)移民就业经济。移民就业经济理论基础，移民就业经济因素分析，移民就业的经济分析。(9)移民区经济发展。移民区经济发展的理论基础，移民区经济结构，移民区资源利用经济，移民区产业经济，移民区社区经济。(10)工程移民经济社会政策。工程移民经济政策，工程移民社会政策。

贾晔提出建立水库移民经济学的构想[②]，指出基于水库移民问题已成为中国跨世纪发展中一个重大社会经济问题，不可等闲视之。从民族利益考虑，提出必须用科学的理论与方法去研究和解决水库移民问题。现在形成了"国家和开发区在开发水力资源中受益、库区和淹没区地方政府在开

---

① 吴宗法：《工程移民理论与实践》，河海大学 1999 年博士学位论文。
② 贾晔、唐继锦：《建立水库移民经济学的构想》，《广西大学学报》1995 年第 4 期。

发过程中受害"的格局,出现不协调现象。水库移民经济学是研究我国水
资源开发利用过程中移民问题产生与发展规律的学科,研究水资源开发利
用活动中的移民产生、发展及未来趋势的基本经济关系和基本运动规律。
水库移民经济学是社会主义经济学新兴的一个分支学科。水力资源开发利
用过程中,开发实体与受淹区群众、电站与库区、资源区与受益区、移民与移
居地民族、中央与地方等各种经济利益关系问题,都属于该学科研究的范
围。水库移民经济作为一门跨学科的综合性学科,研究范围广,但它的中心
始终围绕着移民的生存与发展。其学科框架,大体包括以下内容:移民问题
与水资源开发的相互关系,移民发展与环境容量,移民生存与发展关系的调
适;受淹群体与受益群体的相互关系;社会主义国家移民的实质及移民政
策;社会主义国家移民安置模式及社会管理;社会主义国家的水资源开发与
区域开发的相互关系等。

　　曾明德以三峡工程移民为背景①,指出"移民经济"研究是历史的必然
与现实的应然。"移民经济"是中国工业化与城市化进程中产生的经济现
象和动态经济过程,是中国经济与社会协调发展中一种带有明显移民特质
的经济运行系统和经济类型;由此,提出"移民经济"的理论命题并对其进
行理论概括和研究,是新的实践发展的需要。其研究对象是:因国家(政
府)大规模经济建设(工程建设)而发生的、非自愿移民经济现象、移民经济
行为和由此构建的移民经济类型与系统;其研究范围将涉及:国家(政府)
主导行为与政策、大规模非自愿人口的经济性迁移与安置方式和途径选择、
移民经济利益与经济关系结构调整、原有经济与社会系统的结构性变迁、经
济与人文、生态资源的重新配置、移民经济类型与基本运行模式、移民社会

---

① 曾明德、戚攻:《移民经济学导论》,《探索》2002 年第 2 期。

经济活动方式的架构、移民经济与社会系统重建过程,等等。

伍黎芝在其博士论文《三峡工程开发性移民与可持续发展研究》中,结合三峡移民,研究开发性移民与可持续发展的关系,提出必须坚持生态可持续发展为前提、经济可持续发展为基础来实现移民可持续安置和社会可持续发展,生态可持续是开发性移民的核心;总结了开发性移民的特征是"超前投入"、"高起点安置"和"可持续发展观";从土地产值角度来研究可持续发展条件下的移民环境容量;强调三峡工程移民必须根据移民文化素质、心理承受力等方面的个体差异选择相应的安置方式。[①]

段跃芳在其博士论文《水库移民补偿理论与实证研究》中,对移民补偿和移民社会经济系统重建的关系、移民补偿对实现非自愿移民向自愿移民转变的作用、移民淹没损失评估、政府对水利水电工程的外部效应校正方式对移民补偿的影响、水库移民分享工程效益、中国如何借鉴世界银行、发达国家和发展中国家制定移民补偿政策所取得的经验等问题进行了分析和讨论,并以三峡工程为案例,分析了三峡工程水库移民补偿政策的制定及其实施中的经验和教训。该论文主要侧重于移民补偿研究,提出在非自愿移民迁移中,成本—收益理论仍然发生作用,合理的移民补偿对实现水库移民搬迁由非自愿性向自愿性转变起主要作用;政府对水利水电工程的外部效应不恰当校正方式是移民补偿不足的主要原因;应以资源价值转移理论为依据,建立移民分享工程效益的新机制。[②]

施祖留在其博士论文《水利工程移民管理理论框架构建研究》中,分析水利工程移民的属性和移民管理现象,定义实施移民管理过程的三个

---

① 伍黎芝:《三峡工程开发性移民与可持续发展研究》,华中农业大学 2000 年博士学位论文。

② 段跃芳:《水库移民补偿理论与实证研究》,华中科技大学 2003 年博士学位论文。

步骤:确立参与移民管理的各行动主体、构建宏观移民治理、建构微观移民管理;提出水利工程移民管理理论框架,该框架由"管理人假设""水利工程移民基本规定性""水利工程移民管理梯阶层级结构"三条纲要组成。①

魏珊在其博士论文《非自愿性移民可持续安置与发展研究》中,分析了 Mihcael M.Cemea 的非自愿性移民安置研究模型——贫困、风险与重建模型(IRR 模型),指出 IRR 模型的理论意义和优点,剖析了 IRR 模型的缺陷,基于此,从移民安置控制权分配和优化的过程出发,提出了解决 IRR 模型缺陷的可行方案,构建了非自愿性移民安置控制权分配和优化的模型。②

杨文建在其博士学位论文《中国水库农村移民安置模式研究》中,提出中国水库农村移民安置新模式——城乡联动安置模式,并构建基于该模式的实施与管理,同时也提出对该模式的绩效评估。③

(二)国外相关研究现状

工程移民,特别是水利工程移民是一个全球关注的问题,世界银行、国际大坝协会、各种环保组织、人权组织、国际货币基金组织、非政府组织、各国政府都在对大坝项目进行着争议性的讨论。1997 年 4 月,世界大坝委员会(WCD)成立,其作为大坝项目的权威性组织,积极投入有关讨论,通过对文献的总结分析,本书将从以下几个方面概述 WCD 和其他有关组织对水

---

① 施祖留:《水利工程移民管理理论框架构建研究》,河海大学 2003 年博士学位论文。
② 魏珊:《非自愿性移民可持续安置与发展研究》,武汉大学 2004 年博士学位论文。
③ 杨文建:《中国水库农村移民安置模式研究》,河海大学 2004 年博士学位论文。

利工程移民研究的情况。①②③④⑤⑥⑦⑧⑨

1. 项目规划和决策

今天,几乎世界上一半以上的河流上都至少建有一座大坝。WCD 经过两年多的研究,提出了众多观点,其中涉及工程移民的讨论有:

全球因建水库而迁移的人数约 4 千万—8 千万,成百上千万生活在下游依靠自然洪水冲积平原和鱼群生活的人的生计受到损害;很多被迁移的人群不被认可,没有安置或补偿,补偿也很不充分;安置的人很少能恢复生计,安置项目只注重物质安置而不重视被迁移人的经济、社会发展;环境变化和社会结构的破坏,使生活在水库边受影响的人群和被迁移的人群、下游社区的健康和生计都受到了负面影响;土著群体、部落群体以及少数民族等贫穷、脆弱人群的生计、文化和精神都受到了负面影响;利益分配上缺乏公平使在大坝建设中承担风险、遭受损失的人群并没有获得等量的经济利益。

尽管如此,随着世界经济的发展,尤其是发展中国家的发展和人口的增长,水资源和电力的缺乏将日益严重,许多发展中国家仍将建坝作为解决这一矛盾的主要方式。因此如何避免或减少大坝的负面影响、提高效率、赢得公众的支持成为人们关注的焦点。

---

① 朱东凯:《水利水电工程移民制度研究》,河海大学 2005 年博士学位论文。

② Oliven-Smith: Anthony, Involuntary Resettlement, Resistance and Politieal Empowerment, Journal of Refugee Studies, 1991(2).

③ Thomas F.Annistead, Dam Conflicts Threaten Growth, ENR, September 1998.

④ Tom Ichniowski, World Bank to Review Funding, ENR, 1997.

⑤ Tom Ichniowski, Wbrld Bank Sets Sights on Small Infrastructure Projects, ENR, 1996.

⑥ G.G.La Pin, WCDbriefing in Moseow, 2000, www.wordbank.com.

⑦ Carol Ezzell, The Himba and the dam, Scieniific American, 2001.

⑧ Alan Dessoff, World commission seeks consensus on dams, Water Environment & Technology, 2001.

⑨ John J.Kosowat Z.Debra K.Rubin, Big Projectsl'argeted for Review, ENR, September 2000.

针对一些大坝成功地达到目标而另一些则不能达到目标，WCD 认为失败的原因常常在大坝工程决策和规划中就存在了。例如项目的选择评价局限于技术参数和狭义的经济成本—收益分析的应用，缺乏综合性的社会、经济评价，尤其是对环境、生态系统和受影响人群的评价；受影响人群的参与和承担环境和社会影响的评价常常在程序后期进行并且在有限的范围内；等等。鉴于此，委员会针对移民工作提出了减少负面影响和冲突的建议：

增加现有财产的效率；避免和减少生态系统的影响；进行参与，建立需求和选择的多重分析标准；保证受影响和被迁移的人的生活得到改善；解决过去的不公平和不公正，变受项目影响人群为受益者；行使常规检测和阶段性检查；完善、运用和强制执行激励、批准和求助机制，特别是在环境和社会行为方面。

WCD 认为，得到公众支持，赢得好的结果，就必须做到公平、效率、参与决策、可持续和责任感。因此在选择评价项目时，必须承认权利和评估风险是基础，有效确认利益相关群体，其有权正式参与、协商和讨论项目，形成合约（图 1-1）。

项目选择评价和规划框架保证了从项目提出开始时就进行充分的论证和综合性的评估，协商解决项目引起的争议性问题，在立项开始就能达到各方共识，改变了过去政府、出资者和建筑者垄断决策的状态，消除了产生矛盾的基础性因素。其中受项目影响的人群受到了特别关注并具有平等参与决策的地位，充分体现了"成本分摊、利益共享"的公平原则。

2. 移民安置政策

项目决策中迁移人群和受影响人群的问题显然是主要考虑的因素之一，移民活动中的安置活动是最重要的，安置的状况直接关系到迁移人口生活的恢复和发展。因此大量的法规和政策也都是针对移民安置而言的。政

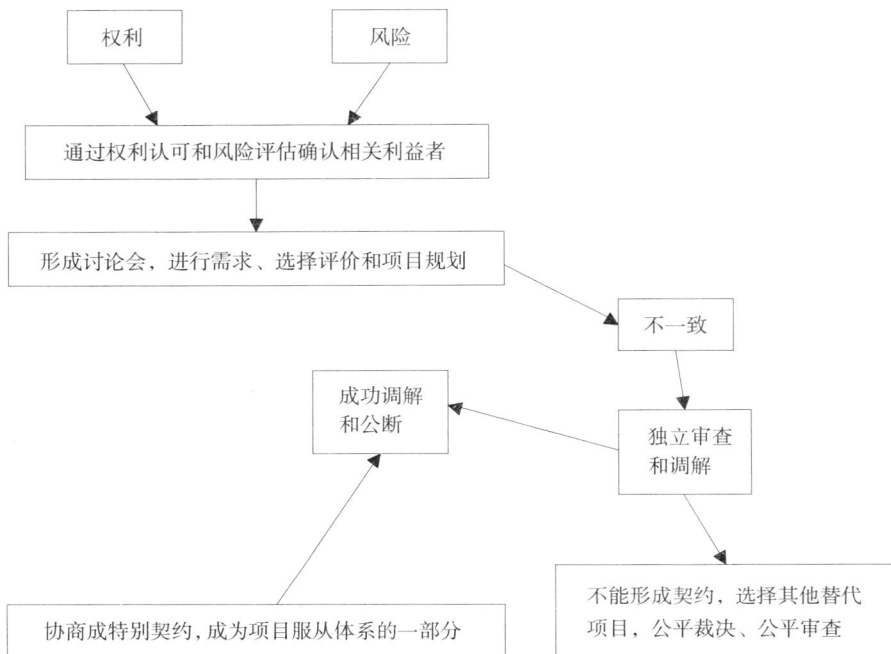

图 1-1 从权利和风险到协商的契约:选择评价和项目规划框架

策法规是指导移民活动的准则,作为第一批制定非自愿安置政策的国际发展援助机构之一,世界银行 1980 年提出的非自愿安置政策对推动世界各国工程移民安置的发展有着不可估量的作用。其要点如下:

(1)如果没有规划合适的措施并付诸实施,非自愿安置会引起严重的长期困苦、贫穷和环境破坏。由于这些原因,世行非自愿安置政策的目标如下:

(a)只要可能,都要尽量避免或减少非自愿安置,寻求所有替代的项目设计方案。

(b)非自愿安置不可避免时,安置活动应作为可持续发展项目进行考虑和实行,提供充分的投资资源,使那些被迁移的人分享工程利益。被迁移的人群应受到关注并有机会参与规划和实施安置项目。

（c）帮助被迁移的人努力改善他们的生计和生活水准或至少恢复到迁移前的水平，或恢复到项目开始时的相应水平，取更高者。

（2）本政策适用于世行援助的投资项目，由于下述原因而造成的直接经济和社会影响：

（a）由于以下原因形成非自愿占用土地和其他财产：住所的拆迁和丧失；失去财产或失去获取财产的途径；失去收入来源或生计手段，不论受到影响的居民是否需要迁往另一地点。

（b）对使用法律认可的公共园地和保护区的限制，给被迁移居民的生活带来不利影响。

（3）借款国必须准备安置规划或安置政策框架，采取措施保证被迁移的居民能：

（a）获悉有关安置的选择和权利。

（b）被征询意见，能对经济和技术上都可行的替代方案作出选择。

（c）对由于项目实施而带来的直接财产损失要按重置成本给予及时和有效补偿。

（d）如需搬迁，在搬迁过程中提供帮助（如搬家补贴）。

（e）如需搬迁，应提供居住的房屋或宅基地，或根据需要提供具有生产潜力、位置便利等其他与原土地同等条件的农用地。

（f）在搬迁后的过渡期提供帮助。

（g）在补偿措施外提供其他发展援助，例如改善耕地、信贷扶持、培训或提供就业机会。

为了实现政策目标，应当对被迁移居民中易受伤害的群体特别关注，特别是那些贫困线以下者、无土地者、年老者、妇女儿童、土著居民、少数民族。

（4）对于本政策涉及的影响，世行还要求：

（a）被迁移的居民和他们的社区邻里以及任何接受他们的安置区居民都应及时得到有关的信息、安置选择权，并有机会参与安置规划、实施和监督，同时要向这些群体提供适当、便捷的申诉途径；

（b）要为被迁移的居民在新的安置区或接收区提供必要的基础设施和公共设施，以便改善、恢复或保持原先的便利和服务水平，要为失去的社区资源（如捕鱼区、牧场、燃料或草料）提供替代或类似资源作为补偿。

（c）按照被迁移人口的选择设立适应于新环境的社区组织。尽可能保留安置者和安置区居民现有的社会、文化机构，并尽可能尊重安置者迁往原来存在的社区和群体的愿望。

亚洲开发银行（AOB）根据其自主项目和自主国家的特点，于1995年颁布了基本精神如世行的非自愿安置政策。

于是，对于受世行或亚行资助的项目，其移民安置规划政策必须符合它们的安置政策。而这些安置政策主要体现了决策中提出的公平、效率、参与决策、可持续和责任感等目标，对需要安置的群体的权益进行了充分的说明，以避免出现过去项目建设中被迁移人口生存条件恶化的问题。

3. 移民管理研究

大坝在选择评价和规划开始，就需要各相关利益群体共同协商、评估，淘汰不合格项目，保证项目建设中受负面影响群体的利益。因此，利益相关群体至关重要，并且贯穿整个项目过程，同时具有保护自己的权益，进行监督的职能。WCD提出与工程相关的利益相关群体及其主要的职责如下：

地方政府：

- 审查与大坝相关的现存程序和规则；

- 对所有大坝，不论是私人的还是公共的，采用时限执照；

● 成立一个独立的、多方利益相关者委员会,处理过去大坝中未解决的问题。

公民社会群体:

● 监测合约的执行,并帮助任何受到侵犯的团体寻求对突出的不一致之处的解决方法或寻求帮助;

● 积极协助确认大坝项目的相关利益者。

受影响的人群组织:

● 确认未解决的社会和环境影响并向相关权威证实,以采取有效步骤处理;

● 发展支持网络和同伴关系来增强技术和合法的能力,评估需求和选择过程。

专业协会;

● 为确保遵从 WCD 的指导原则发展操作程序;

● 扩大国内和国际数据基础,包括社会和环境参数;

● 发展和采用自愿行为章程、管理系统和证明程序,更好地确保遵从委员会的指导原则执行,例如,包括运用 15014001 质量体系标准;

● 遵守经合组织的反行贿惯例;

● 对所有合同和成就采用诚实的契约。

利益相关者是指既受到影响又对成功赢得项目目标有重要影响的人、团体或组织。它们包括政府,公民社会,国家的、中间的和地方的私人部门。亚行的利益相关者分析确认了与项目相关的主要群体,它们的主要利益,它们对项目的风险和可行性研究的影响方式等。利益相关者分析一般包括四个步骤:第一,辨识主要利益相关群体,通过回答谁依靠项目、谁获益、谁受项目影响、谁影响项目、谁反对项目、项目规划中涉及谁等一系列问题;第二,确定在项目规划中利益相关者的重要性和影响;第三,分析他们的机构能力;第四,在利益相关者中选择代表参与项目程序。亚行罗列了与项目利益相关的群体如下:

一般公众:那些直接或间接受到影响的人群(妇女群体、个人和家庭、土著群体、宗教团体)。

政府:政府内阁、政府公务团体。

代表性的立法团体:当选的政党(国会、国内和地方立法团体、地和市的立法团体)。

公民社会组织:国内、国际政府组织、草根组织(民间组织)、贸易团体、政策发展和研究机构、媒体、社区组织。

私人部门:私人部门的代表群体、专业协会、商业团体、捐赠和国际金融组织。

利益相关者主体地位的确立,把受影响人口的参与提到了空前的高度,在市场经济的条件下,保证了各方利益的平衡。

针对世界性的政策,各国实施的具体情况也有很大差别。世界各国的移民安置政策可归纳为两类:

第一类是以美国的移民安置政策为代表,移民管理机构通常以一户或一个农场为单位考虑。支付给移民一定款项后,由移民自己选择去向。重点放在房屋建设,而不是社区新的就业机会和土地制度上。该方式适合于受过高等教育、有技术特长且具有较强生活能力的家庭及个人,但不适合老年人,以及很看重社区的少数民族和贫穷的农民。

第二类是非洲的移民安置政策。在非洲,各国政府采用社区整体搬迁,集中安置的移民政策。库区多数居民要求与其邻居和亲属住在一起,他们有一种强烈的集体感。非洲各国政府把移民安置工作纳入国家发展总体规划。非洲的移民安置经验适合于发展中国家。

应该看到，国际组织提出的政策、规定、条例是从宏观上对工程建设者进行了一定程度的约束，对各个国家起到指导性作用，但并无具体的操作性制度和方法来保证这些政策、规定的落实。

对受影响群体以何种方式参与、如何使自己的意见被采纳也并无确切的说明。正如塞尼先生提出"现实告诉我们，仅有一套写在书本里的很好的移民政策是不够的。将这一套移民政策付诸实施并不是一件容易的事。政府、项目管理人员、执行机构并不总是非常情愿地来对付各种困难。在工作过程中，应该及时地发现是否偏离了世界银行的政策及项目的目标。所以，有必要在移民搬迁和安置过程中，运用社会学的方法在经济、文化方面对移民进行监测。"

四、移民教育研究的意义及现状

（一）移民教育在移民工作中的重要性

21 世纪是人才与科技的世纪，信息社会、科技革命、知识经济等新世纪的重要特征已经充斥于人类生活的每个角落。新时代的重要标志是人的素质和知识的价值在社会发展中的地位发生了根本的变化，知识经济是依赖于知识创新，知识的广泛传播和应用的经济。知识经济的基础是学习化的社会。教育是知识经济的中心，教育对于任何一个国家和民族都尤为重要。对现代国家而言，教育一直是有关国家稳定和发展的重大问题。18 世纪末，美国人就认识到："教育是民主社会必不可少的工具，它必须摆脱宗教偏见,培养忠于美国理想而能有效生活在这一新世界的公民"。杜威在1916年发表的《民主主义与教育》一书中也讲道:"由于民主社会实现了一种社会生活方式,各种利益相互渗透,并特别注意进步或进行调整,这就使民主社会比各种社会更加关心审慎的和有系统的教育。"根据《中华人民共和国宪法》,每一个公民都有受教育的权利,为移民提供相应的接受教育的机会,是我们人权保障的一种体现。

教育公平是人类社会一直追求的目标。从两千多年前孔子的"有教无类",十八世纪欧洲的"天赋人权",到二十世纪中期美国科尔曼的教育机会平等,到罗尔斯的"为处境不利者提供补偿"的教育思想等,无不体现了人们教育公平的追求。随着经济全球化和知识化,人类的未来和国家的繁荣比以前任何时候都更加依赖于教育的发展。作为知识、科技和经济发展的重要"内在变量",教育的先导地位越来越明显:教育不仅成为经济增长的重要因素,也被视为实现社会平等的"最伟大的工具",成为社会稳定的平衡器。良好的教育资源的保证也是让移民"住得稳"的重要保障,是移民区和谐的重要保障。

在中华人民共和国国务院颁布《长江三峡工程建设移民条例》的"第五条 实施开发性移民方针,发展三峡库区经济,应当依靠科学技术,重视教育和智力开发,培养和引进专业人才,鼓励科学技术研究,推广先进技术。第三十三条 国务院有关部门和湖北省、四川省人民政府有关部门在安排建设项目,分配支农、扶贫、水土保持等资金和交通、文化、教育、卫生、公共安全、环境保护等经费时,应当对三峡库区优先照顾,增加投入,促进该地区的经济和社会发展,支持移民安置。"从政策和法规上,要求水利工程移民管理要重视移民教育工作,为移民营造良好的教育环境。

（二）移民教育研究现状

　　傅林、王军、刘丽丽分别对美国、法国、德国的移民教育进行了深刻的分析，当今美国移民儿童的学校教育在受教育机会的平等性、移民儿童的学校适应性、学校的教育质量等方面存在一些问题，这既与移民的文化适应模式及受教育程度有关，也与社会环境外部因素有直接关系[1]；法国作为二十世界瞩目的移民国家，其移民教育的状况受到各国的普遍的关注，对于"二战"以来法国移民教育的发展历程、政策与实践的经验和教训做了简要介绍[2]；德国移民教育政策的形成，受到了世界范围内多元文化教育思潮的影响，是德国民众价值取向调整的需要，是防范德国青少年暴力活动的必然要求，也是推行防范新纳粹势力抬头教育政策的需要；但是主要应对的是移民中跨文化交流的问题。[3]

　　张西爱等论述了海南省通过实施"教育移民"工程促进海南少数民族农村教育的发展，海南"教育移民"以治本扶贫模式促进少数民族地区发展经济，不仅达到了移民教育初衷目标，而且也在一定程度上促进了对热带雨林的生态保护，巩固了民族团结与稳定，都有助于构建社会主义和谐社会，对我国少数民族地区经济繁荣发展，给予了新的思路，很有借鉴价值。[4]

　　部分学者在西部大开发的背景下，对西部移民的教育问题进行了总结，其中文献提到我国农村的面积占国土面积的90%以上，农村的人口占全国

---

[1]　傅林：《当今美国移民儿童学校教育存在的问题》，《外国教育研究》2003年第6期。

[2]　王军：《法国的移民教育》，《外国教育研究》2001年第4期。

[3]　刘丽丽：《德国移民教育政策评析》，《理论前沿》2005年第11期。

[4]　张西爱、严鑫华：《"教育移民"工程促进海南少数民族地区农村教育发展》，《内蒙古农业大学学报》（社会科学版）2009年第2期。

人口的 70% 以上,应该说农村教育是我国基础教育的主阵地。而近年来,随着农村生活水平的不断提高,对子女享受优质教育的愿望越来越强烈,于是就出现了农村中小学学生大量向城市移民的现象,并且呈现越演越烈的趋势。为分析这些现象产生的原因、影响和一些解决问题的措施、办法①②③,部分学者对吊庄移民进行了重点分析。认为人力资源开发和知识发展战略是西部开发成功的关键,提出必须大力发展教育。杨华于 2001 年 6 月至 8 月和 2002 年 11 月至 2003 年 1 月,对宁夏吊庄移民的教育发展状况进行了全面调查,深入研究西部开发中的"吊庄移民、异地开发"模式所涉及的"适应性"难题对教育的需求。研究发现,经济开发激发了教育的功能,进而促进了教育发展,使经济发展与教育发展之间的相互促进关系得以强化。④ 马效义分析了移民教育在吊庄移民中发挥的重要作用。一方面,对移民的再社会化、加速社区文化整合有着积极的意义;另一方面,对实现教育均衡发展、缩小同区教育发展的差距、促进当地可持续发展有着重要意义。⑤

对于三峡库区移民的问题,中国大量的学者作了卓有成效的研究,张学敏分析了库区移民教育经费的问题,通过调查,分析归纳了移民迁校经费的五方面问题,提出"重组库区教育资源·寻求内涵发展之路;利用教育财政转移支付制度宏观调整三峡库区教育移民经费;产业化筹集三峡库区教育移民经费"的解决思路。⑥

---

① 李学明:《西部农村基础教育学生移民现象浅析》,《素质教育论坛》2008 年第 1 期。
② 杨华:《民族地区经济开发与教育功能的强化》,《民族教育研究》2004 年第 4 期。
③ 马效义:《移民教育与社区文化重构》,《湖南师范大学教育科学学报》2009 年第 4 期。
④ 杨华:《民族地区经济开发与教育功能的强化》,《民族教育研究》2004 年第 4 期。
⑤ 马效义:《移民教育与社区文化重构》,《湖南师范大学教育科学学报》2009 年第 4 期。
⑥ 张学敏:《三峡库区教育移民迁校经费缺口分析与对策研究》,《教育与经济》2001 年第 4 期。

赵伟等对于移民职业教育问题进行了讨论,由于历史和现实的原因,三峡移民的文化水平和就业技能偏低,不利于移民安稳致富目标实现,也不利于库区转变经济发展方式,维护和改善环境,减轻长江中下游广大区域的生态压力。本书论述了加强移民职业教育和技能培训的重要意义,并在分析库区职业教育现状的基础上提出发展构想。①

曾祥林从教育工作者的角度,提出了对移民子女教育是一个相当长的过程,也是摆在教育工作者面前的一个全新的教育问题。只要认真分析现状,勇于面对现实,将一颗仁爱之心融入教育的每一个环节中,就一定会呈现出校园和谐、民族团结的美好景象。②

陆远权从实证分析的角度,解析了库区移民教育方面的现状。基于水电工程移民的文化制约性因素,对三峡库区的移民教育与就业及家庭收入的相关性进行实证分析,进一步认清教育的移民功效,从而有针对性地提出移民教育发展的政策措施与建议。③

陈亮对重庆三峡库区学生、教师、家长进行了抽样调查,结果表明,重庆三峡库区农村移民教育在教育的普及性、环境的适应性以及发展的可持续性方面均存在隐患问题,这些隐患问题严重制约着库区农村移民教育的发展,希望有关部门能重视这些问题并采取相应的措施。④

马江指出,重庆市万州区城市化战略能否顺利实现,除了受制于人口管理、就业机会、土地制度、政府职能等因素外,很大程度上取决于广大农村移

---

① 赵伟、程丽君:《三峡库区移民职业教育的现状和发展构想》,《中国职业技术教育》2007年第35期。
② 曾祥林、谭书法:《浅谈移民子女的现状分析及教育对策》,《四川工程职业技术学院学报》2008年第1期。
③ 陆远权:《移民教育与移民经济》,《重庆三峡学院学报》2006年第5期。
④ 陈亮、朱德全:《重庆三峡库区农村移民教育隐患问题研究》,《西南师范大学学报》(人文社会科学版)2005年第5期。

民人口的科学文化素质和文明程度。区政府要从提高移民的自身素质和职业能力出发，加强"三教"统筹，发挥城市教育资源的优势，完善农村移民职业教育培训体系，加大对农村移民劳动力转移培训的扶持力度，通过各种形式的培训，促进农村移民的城市化转变。①

通过以上综述，我们可以看到尽管也有一些学者重视研究移民教育问题，但是相比移民问题的研究热度来讲，这个问题还是没有受到研究人员的重视，更是鲜见定量分析的文章，更没有对于整个移民教育体系的构建与评价等方面的研究工作。

所以我们的研究工作首先要从移民教育体系着手，在普通教育体系的基础上，结合移民教育的特殊性，建立完整的移民教育体系；其次从教育资源的角度，通过学校布局和资源配置两个方面，讨论布局的原则，提出优化模型，给出优化的方案；再次对于移民教育政策进行分析，辨明各利益相关方存在的矛盾和纠结，在此基础上提出政策的博弈模型，并展开进一步的分析和解决方案；最后，我们提出移民教育评价的问题，提出评价指标体系，对移民教育活动现实的或潜在的价值做出判断，推动移民教育发展。

对于移民教育的研究，我们运用多种方法，从多个角度，从宏观到微观，从政策到实施，都进行深入的讨论，希望对于移民教育的研究有推动的作用。

---

① 马江、马万:《农村移民职业教育培训与万州区实施城市化战略的思考》,《重庆三峡学院学报》2005 年第 2 期。

第二章 大型水利工程移民教育体系及其建构

一、国民教育体系及其建构

水利工程移民，在短期内迁离故土，改变祖祖辈辈的传统生活方式，在新的环境中生存、发展，加强教育至关重要，包括移民的思想观念、道德修养、法制教育、文化科技、职业培训等多个方面。在思想道德方面，通过教育和学习，让移民自觉地理解和认识大局，服从国家利益，舍小家，顾大家，提高迁移重建家园的自觉性和主动性；在法制观念方面，通过宣传教育，让移民更好地理解政府的方针政策，增强法制意识，遵纪守法，在依法移民的同时，维护移民自身的合法权益；在文化知识与工作技能方面，通过普及教育、学习和培训，让移民更多地掌握文化科技知识，较快地学会和掌握新的工作技能和生活手段，适应新的变化，提高自立、自强的能力。

1. 国民教育体系内涵

20世纪80年代以来，教育体系研究越来越成为教育改革与发展的主要研究课题。教育体系是社会系统的主要组成部分,不断优化教育体系,也就是改善社会系统功能的过程。

教育结构是指教育系统内各个组成部分的构成状态和相互关系。1949年新中国成立以来,虽然我国已初步建立起有中国特色的社会主义教育体系,形成了学前教育至高等教育、普通教育与职业教育、学历教育与非学历教育、课堂教学与远程教育等多层次、类别和形式的教育格局,并正向终身教育的方向发展。但是,由于历史的、体制的和观念上的原因,我国现行教育结构体系还不适应经济发展和社会进步的需要;不能满足人民不断提高的对受教育机会的多种选择和要求;教育内部各级各类教育特别是普通教育和职业教育之间,尚未建立起相互沟通和相互衔接的关系;社会各行业各部门在职人员的岗位培训、转岗培训和学校后的继续教育比较薄弱;适应社会成员多种需求的非学历非正规教育还未受到应有的重视度;等等。

现代国民教育体系,指现代社会中,以现代教育理念为指导,由学校教育构成的国民基本教育制度和体系。一般包括学前教育、小学教育、初中教育、高中阶段教育和高等教育等层级,类型分为普通教育和职业教育。

终身教育体系,覆盖从婴儿到老年的所有教育,是以现代国民教育体系为基础,以多种形式的教育和培训为主要方式,满足全民学习、终身学习需求的教育制度和框架。

我国教育结构体系现状如图2-1所示。

2. 国民教育体系分类

(1)以能力为基础的教育体系

以能力为基础的教育体系是围绕从事工作所要求的知识、技能、能力来组织课程与教学的系统方法。学生事先被告知所应掌握的各项能力以及评估方式,并被提供教学指导,使之对一系列能力的掌握都能达到所要求的熟

```
                                            ┌─ 学前教育 ──────────────→ 幼儿园、学前班
                                            │
                                            ├─ 初等教育 ──────────────→ 小  学
                                            │
                                            │              ┌─ 初中    ┌─ 普通初中
                                            │              │  阶段    ├─ 综合初中
                                            │  ┌─ 中等      │          └─ 职业初中
                             ┌─ 普通教育 ──┤  │  教育  ──┤
                             │              │  │          │          ┌─ 普通高中
                             │              │  │          └─ 高中    ├─ 职业高中
                             │              │  │             阶段    ├─ 技工学校
                             │              │  │                     └─ 中等专业学校
                             │              │  │
                             │              │  │          ┌─ 本专科 ──→ 大学、学院、高等专
                             │              └─ 高等      │             科（高等职业）学校
                             │                 教育  ──┤
           ┌─ 学校教育系统 ──┤                          └─ 研究生 ──┬─ 大  学
           │                 │                                       └─ 大学外研究机构
           │                 │
           │                 │              ┌─ 初等 ──────────────→ 成人初等学校（包括扫盲班）
           │                 │              │  教育
           │                 │              │
           │                 │              ├─ 中等 ──────────────→ 成人中等学校
           │                 │              │  教育
中国教育体系│                 │              │                      ┌─ 广播电视大学
           │                 └─ 成人教育 ──┤                      ├─ 职工、农民学校
           │                                │  ┌─ 高等            ├─（党政）管理干部学院
           │                                │  │  教育  ──────────┤
           │                                └─ │                  ├─ 教育学院
           │                                   │                  ├─ 独立函授学院
           │                                   │                  └─ 高等学校夜大学、函授部
           │                                   │
           │                                   └──────────────→ 非学历教育培训和继续教育
           │
           ├─ 计算机网络
           │  教育系统
           │
           ├─ 行业（企业）──────────────────→ 岗前、在岗、转岗培训
           │  教育系统
           │                                 ──→ 继续教育
           │
           └─ 社会教育系统 ──┬─ 图书馆、博物馆、科技馆、大众媒介等
                             │
                             └─ 社区教育：闲暇（假日）教育、老年教育等
```

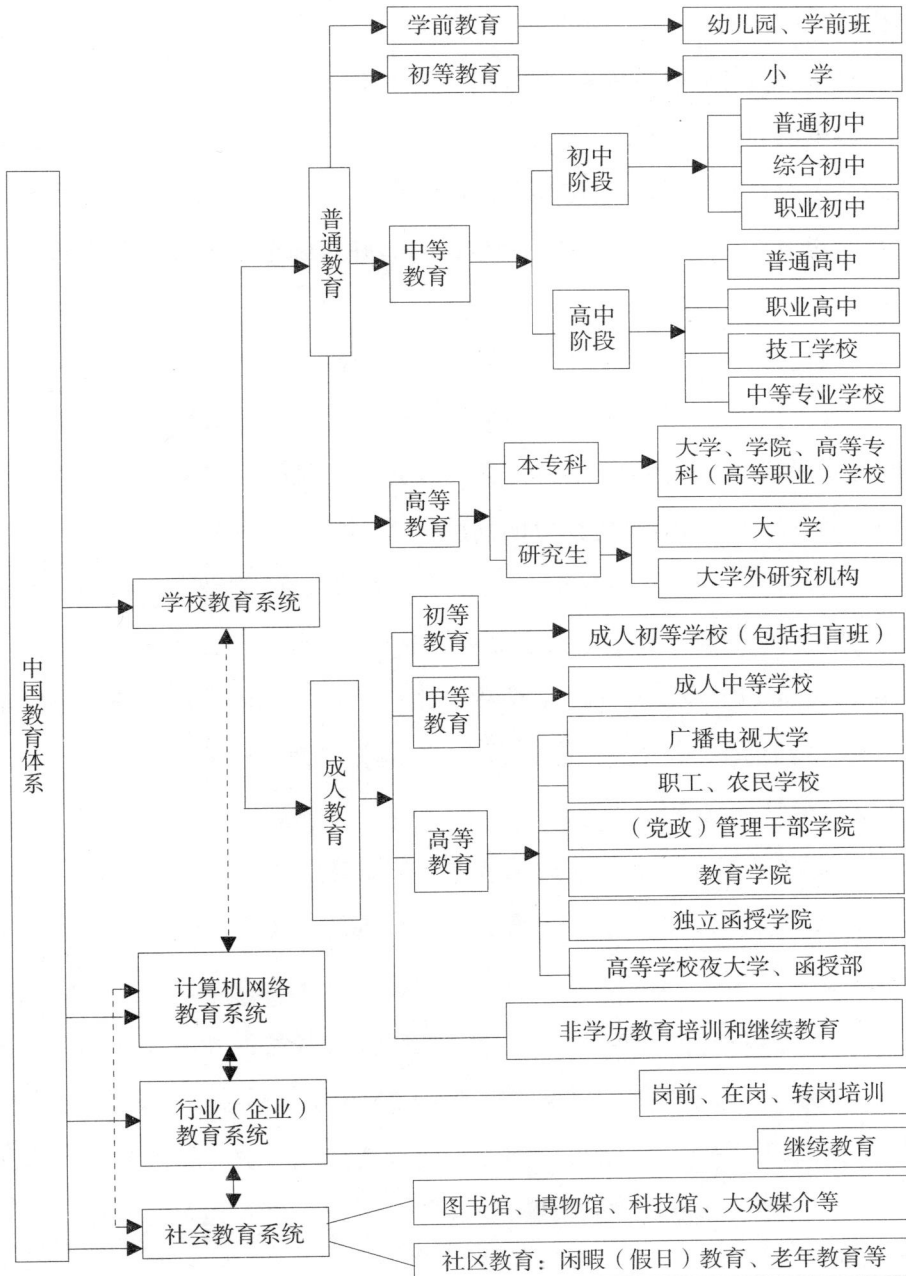

图 2-1　我国教育结构体系现状

练程度。①

以能力为基础教育体系的特点:

1) 以能力为基础的教学体系不是以学历或学术知识体系为基础,而是以能力作为教学的基础,打破传统的以学科为科目,以学科的学术体系和学制确定的学时安排教学和学习的教育体系,并且强调学生的自我学习和自我评价。

2) 以能力为基础的教学体系强调教学传授系统的个性化。学生在接受教育前就已明确规定了其应达到的教育目标。它允许学生在大指导范围内自己掌握学习的进度,使教师成为管理者和咨询者,促进以能力为目标的教学,使设施和设备得到更充分的利用。

3) 以能力为基础的教学体系在教学上灵活多样、管理上严格科学。其模式强调企业的需求和学生在学习过程中的主体作用。按照企业和工作的不同需求,可以开发长短不一的课程体系。学生可以按照自己的情况决定学习方式和时间。因此要求有一套严格的科学管理系统。

(2) 继续教育体系

继续教育体系,是指一个国家或地区按照终身教育思想,根据社会发展规律和教育规律,为达到一定教育目标所建构的各级各类继续教育的有机综合系统。该系统,是终身教育母系统中的子系统,是重要组成部分,也是终身教育系统成熟度的基本标志。继续教育,通常是指大学后成人的再教育。这种教育,既包括受过大学正规教育的成人毕业后接受的再教育,也包括未经大学正规教育,通过自学和社会实践达到大学学历水平的成人的再学习。基于继续教育是大学后的教育层次,因而它只有相对的起点——大

---

① 王国银:《建立以能力为基础的教育体系》,《云南财贸学院学报》(社会科学版)2003 年第 4 期。

专文化水平,没有绝对的终点。① 体系如图 2-2 所示。

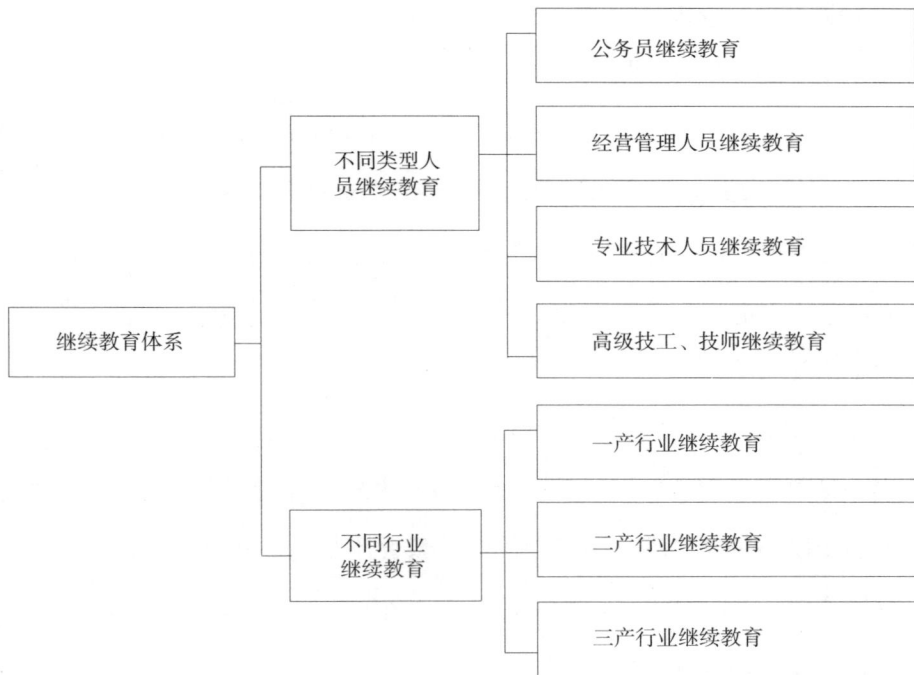

图 2-2　继续教育体系

（3）终身教育体系②③④⑤

所谓终身教育是一种全新的教育。终身教育的基本思想是:教育应当是每个人从出生到死亡持续进行的全过程,是一生中所有教育机会的统一;教育不仅是学校应担负的职责,而且也是社会各行各业、各组织机构应担负

　　①　叶忠海:《论构建继续教育体系的理论基础和构架》,《成人高等教育》2007 年第 1 期。

　　②　梁威:《面向 21 世纪的终身教育构建首都基础教育体系的几点思考》,《发展研究》2000 年第 6 期。

　　③　梁燕:《高等职业教育体系建立的现实基础》,《现代教育管理》2009 年第 4 期。

　　④　廖中展、史静寰:《从多学科模式到跨学科模式——浅析我国基础教育阶段环境教育体系的构建》,《教育科学》2000 年第 3 期。

　　⑤　韩勇:《终身教育理念下我国基础教育体系创建原则的思考》,《现代教育科学》2007 年第 8 期。

的职责;不同阶段、不同层次、不同形式的教育部门要相互了解、沟通、协调,不仅为学习者的今天负责,而且要为他们的明天发展着想;社会应为终身教育创设良好的环境,提供社会和经济资源,以求达到学习化社会的境界。

终身教育体系是一个在传统学校教育体系上进化而来的新型教育体系,它是由国家或地区建构的,整合了各级学校教育以及社会教育、家庭教育等各种教育形态,旨在为人的终身发展提供教育服务的一体化教育系统。不同层次、不同类型、不同对象、不同性质的教育均为其必要元素。终身教育体系的社会功能是全方位的,就其本质功能而言,应服务于每一个社会成员的终身发展,实现其生命的价值。

终身教育理念是新世纪教育改革的一个重要指导思想,近年来我国正积极创建以终身教育理念为指导的国民教育体系。基础教育作为整个国民教育体系的一个子体系,其体系创建应遵循整体性原则、开放性原则、相容性原则以及可选择性原则等。

(4)高职教育体系①

我国高等职业教育从专科层次开始起步,始于 20 世纪 80 年代初,在探索办学体制基础上建立了一批地方职业大学,培养专科层次应用型人才。进入 90 年代中期,高等职业教育发展与高等教育结构调整相结合,将"三改一补"作为发展高等职业教育的基本方针,1996 年《职业教育法》正式确立了高等职业教育的法律地位。90 年代末期,开始大力发展高等职业教育,建立了一批职业技术学院并将高等专科学校纳入高等职业教育系统,统称高职高专教育。

近年来,随着政府一系列鼓励职业教育发展和提高高等教育质量的政

---

① 梁燕:《高等职业教育体系建立的现实基础》,《现代教育管理》2009 年第 4 期。

策出台,高职教育获得了长足的进步。截至 2007 年 5 月,全国高职高专院校已接近 1200 所,占普通高校的 60%,700 多种专业,800 万在校生,涵盖了一、二、三产业和新兴产业,在新型工业化、劳动力转移与再就业、新农村建设等方面发挥了不可替代的作用,逐步转向"以服务为宗旨,以就业为导向,走产学研结合发展道路",正在形成有鲜明中国特色的高职教育体系。

但是,从"先进的办学理念、先进的管理和服务、优质的办学条件和培养高质量人才"等方面来看,最根本的标准是要培养出国家建设需要和受社会欢迎的人才。目前,高职院校还面临三个方面的困境:

一是办学观念陈旧,体制机制僵化。一些学校缺乏先进的办学理念,既不了解国际职业教育发展的前沿,又不了解区域经济和产业发展的趋势。缺乏服务意识,处于传统的封闭式管理状态,忽视学校、企业、学生的互动关系。

二是管理粗放不讲绩效,缺乏核心竞争力和持续发展潜力。高职院校在办学条件改善的同时,也造成教学资源的浪费。不少学校占地很大,没有房子;房子很多,没有设备;设备很多,很少使用。对办学绩效的监控和考评缺失,难以形成良性循环,无法持续发展。

三是人才培养定位不准确,没有形成高职的特色。高职的使命是为中国现代化培养"数以千万计的高技能专门人才"——在职业岗位上称为"灰领"或"银领",在生产线上有独特的岗位,既不同于工程师,也不同于操作工,往往担任班组长、生产线长、领班、技术员,既会熟练操作,又要有一定的沟通、协调和生产现场的管理能力。

(5)环境教育体系[①]

环境教育在基础教育阶段是普及性的,即这一阶段教育的目的并不是

---

① 廖中展、史静寰:《从多学科模式到跨学科模式——浅析我国基础教育阶段环境教育体系的构建》,《教育科学》2000 年第 3 期。

要培养解决环境问题的专家,它只是要在新成长的一代中普及环境知识和环境意识。从这一方面来说,该阶段的教育也不应将知识和技能的传授作为核心。

在实际构建体系时,还必须注意一点:要处理好观念、知识、技能三者的关系。观念是教育的核心并不意味着对知识和技能的忽视。恰恰相反,由于观念是抽象的,所以必须贯穿在知识和技能的传授之中。将关于环境的知识传授给儿童,使之了解环境的要素、自然规律及目前面临的环境问题,正是形成新观念的基础。而技能的培养则有助于儿童在实践中了解或解决自己所关心的环境问题,使他们从更感性的角度树立新的观念。因此,在环境教育的外在表现形式上,知识的传授和技能的培养仍是主体,而其内容的安排、难易程度甚至教学则服从于统一的内在需要,即树立新观念的需要——这才是以新观念的塑造为核心的真正意义所在。

(6)农村教育体系

要正确处理普及与提高的关系,努力提高农村基础教育的水平和效益。提出发展农村职业教育和成人教育以及加强农村教师队伍建设、确保农村教育投入的一些思路和办法。[1]

第一,要充分认识农村教育的地位及其作用和意义。全国十三亿多人口,九亿在农村,是我国的基本国情。农村教育是支撑国家教育大厦的基础和重心,基础不牢、重心不稳,整个教育就不稳;农村教育发展滞后,教育整体水平就很难得到提高。因此,必须增强发展农村教育的责任感和紧迫感,把积极推进农村教育综合改革,促进农村基础教育、职业教育和成人教育的协调发展,进一步完善和强化农村教育体系作为实施科教兴国、兴省、兴州、

---

[1]　李如珍:《完善农村教育体系是实施科教兴农的基础》,《大理师专学报》1999 年第 1 期。

兴县的战略重点抓实、抓好。

第二,正确处理好普及与提高的辩证关系,努力提高农村基础教育的水平和效益。必须坚持在质量指导下的普及,在普及基础上的提高的基本原则,加大对《教育法》《义务教育法》等教育法律法规的宣传、贯彻、落实的力度,继续强化全民教育意识,全面加强农村薄弱中、小学的建设,做到确保入学率、提高巩固率、降低流失率三者并重并进;抓普及、求提高双管齐下。广大农村学校,要在努力营造素质教育氛围之中,把硬化教育教学研究特别是对课堂教学的研究作为实施素质教育的切入点,充分发挥课堂教学的主渠道作用;把从实际出发,大胆创新和实践作为突破口,不断提高农村中小学的办学水平和效益,进一步吸引全社会对农村普及义务教育的关注、关心和支持。

第三,大力发展多形式、多层次、多类型的职业教育和成人教育,促进农村教育与科技、经济的有机结合。

第四,从稳定、提高和优化入手,全面加强农村教师队伍建设。

第五,健全和完善农村教育投资体制,确保投入。

二、水利工程移民教育现状阐明

在移民的迁建过程中,移民原有的文化属性、水准及受教育程度,会对移民的迁建速度和经济社会生活重建产生重大影响。也就是说,移民能否顺利实现迁建目标,即在规定的时间内搬得出,迁后安得稳妥并富裕起来,很大程度上取决于移民自身的文化素质和受教育程度,取决于移民群体的文化心理建设和独具特色的文化移民之路。

1. 三峡库区移民教育①

新中国成立以来,我国进行了大规模的水利水电建设。众多水库移民的迁移及发展,不仅是一项政治任务,更是一个社会经济问题。移民是否迁得出、安得稳、富得起,考验着水利水电工程的成本效益,直逼社会的和谐稳定。在影响移民迁建的因子中,有政治、经济、法律、人口、环境生态、生产生活和社会发展等条件的限制,也有教育程度、文化心理、个体特质与社会适应等因素的制约。在移民的迁建过程中,移民原有的文化属性、水准及受教育程度,会对移民的迁移速度和移民的迁入区的经济生活重建及社会适应产生重大的影响。首先,移民的受教育程度与迁移速度成正比。对于那些受教育程度较高的农村移民来说,他们文化素质较高,思想开放,勇于接受新事物、新观念,社会适应能力强,富有竞争和创新意识,迁移过程中的成功率较高。那些文盲、半文盲农村移民,在迁移上难度大、速度慢,迁移巩固率低。其次,移民的受教育程度与就业及家庭收入状况成正比。自身教育程度较高、文化素质较好的农村移民,在迁移过程中把握的就业机会多,选择职业的范围广,由于社会适应性强,很快就能发家致富。而那些受教育程度和文化素质较低的农村移民,情况恰恰相反。再次,移民的受教育程度与返迁密切相关。受教育程度越高,生产生活条件改善越快,区域文化的适应性越强,返迁率就低。因此,移民的文化素质与受教育状况在很大程度上决定着搬迁的速度与迁后的稳固致富问题。

在三峡库区,移民的数量和劳动力的存量较大,工程修建涉及库区动迁移民高达 100 多万,劳动力约合 35 万人。虽然国家一直在进行政策性的各省市的对口支援帮扶移民外迁工作,但政策优势却未能完全得到发挥,移民

① 陆远权:《移民教育与移民经济——基于三峡库区移民就业及家庭收入的实证分析》,《重庆三峡学院学报》2006 年第 5 期。

滞留、返迁现象时有发生。其原因之一在于农村移民文化素质低,就业不充分,谋生困难。这些不利因素严重制约库区移民的搬迁安置。

根据调查,移民的受教育情况主要表现在以下两个方面:一是在文化程度上。未上过学或小学未毕业的占24.42%,小学毕业的占36.76%;初中未毕业的占17.85%,初中毕业的占12.77%;高中未毕业的占4.78%,高中毕业的占2.56%;大专及以上文化程度的占0.86%。这些数据表明,三峡移民的文化程度主要是小学和初中文化程度,高中以上文化程度的移民较少,同时,文盲和半文盲还占有一定比例。二是在移民培训上,有32.3%的移民参加过当地政府组织的教育培训,平均每人次培训时间为6.49天。培训内容包括扫盲、农业科技、就业技能、法制教育等。从培训的效果看,70.3%接受过培训的移民认为,移民培训对就业选择及增加收入"有用"或"非常有用"。这在一定程度上说明移民有着较旺盛的教育需求,移民教育有着较广阔的市场前景。但也从问卷中发现,有82%的移民将实用技术培训列在首位,愿意接受扫盲和普通文化知识教育的移民不足7.8%,反映了移民迫切希望受到实用技术培训,而对单纯的一般普通文化知识教育持消极态度。

相应的政策和措施包括:

1)制定移民教育扶持政策,建立移民社区学校,短期内教育资金投入重点倾斜。政府部门在教育经费上要多渠道给予重点扶持,对移民教育要提高补偿标准,其教育补偿资金最少不得低于移民原有资产值的损失金额。建立移民社区学校,搞好移民教育服务,给予专项教育经费补助,从当地财政收入中提取一定比例,用于学校配套措施的完善和优秀教师的引进。

2)解决教育对口支援问题。政府要充分利用国家的教育对口支援政策,千方百计加强横向的沟通与交流,力争全国上下包括各级教育部门从资金、物资、教学仪器设备和图书资料等方面,对移民教育给予支持。帮助改善办学条件,提高移民教育的受众面。

3)处理好规划、搬迁与教育的关系。由于"开发性移民"的实施,对劳动者提出了更高要求,因而移民教育向素质教育的转变显得尤为迫切。同时,人才的培养,移民的科学文化素质的提高,不是短期可以收效的,移民教育必须比其他工程建设提前 5—10 年着手规划,从长远要求着眼,制定移民社区培训学校发展规模和建设标准。

4)鉴于库区移民受教育年限短,文化程度不高,必须大力发展以科技教育为内容,以提高移民科技素质为目的的移民成人技术教育,形成以乡镇成人技术学校为骨干、村成人教育教学点为基础的移民教育体系。同时把移民教育基地办成集人才培训、生产示范、科学实验、技术推广、就业指导、搬迁输出的多功能基地。组织移民学习先进实用的种植、养殖和农产品加工技术;对城镇化安置的移民要加强岗位培训,以提高他们的专业技能和安全生产与保护环境的知识水平;通过多种方式,引导移民学习和掌握商品生产、市场营销和经营管理方面的知识,以适应市场经济的需要。充分发挥社会力量的作用。通过电视、广播、函授等形式,加强对移民的技术培训。在农村建立移民科技协会、科技示范户和移民技术员,全面带动移民学习科技的积极性,使之成为移民教育的重要途径。

5)在移民技术培训方面大力推行"绿色证书"制度,对移民技术培训进行规范,使之能学到真正的本事,取得合格的资格。"绿色证书"制度是通过培养移民技术骨干来带动移民科技素质的提高。通过实施"绿色证书",可使移民技术培训工作更具导向性(引导移民学科学、用科学,成为移民经济发展的带头人)、规范性(从事岗位工作的技术资格要求规范化)、系统性(所学知识技能的整体要求以及相关政策)、适应性(在总体要求下制定实施细则,以适应不同地区的具体情况)。

6)移民主管部门要高度重视,积极配合相关部门肩负起移民教育的重任。一般来说,水库库区都是全国的贫困地区,其民众的生产方式、经济意识、生活观念、消费心理等都相当落后。因此,要求移民主管部门以及教育主管机构,本着门类多一些,适应能力强一些,服务面广一些的教育理念,广泛开展农业技术、农产品加工、乡镇企业管理、农业经济信息等各种教育和培训,真正把急需的科普知识与技术送到移民手中,使得搬迁的移民具备一定的专业技术和一技之长。

7)引进市场竞争机制,鼓励社会力量办学,实行有偿服务,最大限度地推动移民教育事业的发展。政府加强对社会力量办学机构的宏观调控和监督管理,社会力量办学也应坚持以技术培训为主,文化教育为辅,技术培训与文化教育相结合的原则,把实用技术的培训作为移民教育的重点,提高移民的科技文化水平和实际操作能力。同时在移民知识青年中大力倡导创业教育,培养他们的创业意识和创业能力,鼓励他们带头迁移和外迁;带头承包土地,从事农业规模经营;带头设厂、办企业。这样,既促进了农村产业结构的调整,又扩大了就业机会。

8)切实解决好移民迁移中适龄儿童和少年的就学问题。积极为移民适龄儿童和少年创造学习条件,实施从幼儿园到中学的规范式教育,免费提供接受义务教育的机会,并建立严格的管理制度。同时也要花大力气多关心移民子女在新环境中的教育认知与认同问题,尽量满足他们的教育期望,并使教育期望具体化为学业成就。

2. 三江源区移民教育及"三西"地区移民教育

以教育为主的社会整合是三江源区移民生存方式转变的关键。[①] 教育

---

① 　王小梅等:《三江源区生态移民整合问题研究》,《生态环境》2007 年第 3 期。

的内容是多元化的,包括文化教育、生产技能培训及对居民的政策教育等。当生态移民进入迁入区后,将对当地的教育体系提出一系列新的要求:一是必须尽可能满足移民学龄子女的求学需求,争取使移民子女能够适应集中的生存环境,并通过接受教育提高文化素质、掌握现代生产技能、接受商品经济观念等,以使他们在成人之后能够获取更多的发展机会。这就必然对迁入区的学校教育布局、教学内容设置等提出新的要求。二是适龄移民劳动者为尽快适应现代设施畜牧业发展,或在城镇中获得适宜就业岗位,或适应市场需求中获得更大的发展机会,也将对职业教育提出新的要求。三是为使移民深入领会移民工程实施中的各项政策、法规,以及适应城镇环境对人口合理发展的要求,宣传及计划生育部门必须加强相关宣传和教育工作。四是为较好地保留丰富多彩的游牧民族文化,文化和教育部门必须担负起发现、挖掘、整理和弘扬这些特质文化的义务和责任。总之,生态移民的迁入将促使迁入区教育体制发生变革,以适应新的社会变化。

我国"三西"地区,(即甘肃定西、河西、宁夏西海固地区)的移民教育是移民工程不可分割的一部分,它对移民工程能否顺利进展,有着不可低估的作用。①

"三西"地区移民教育存在的几个问题包括:一是部分新建移民区没有学校,许多适龄儿童无学可上;二是原有学校规模跟不上移民人口迁移增长对教育的需求;三是办学条件差;四是职业技术教育步履艰难,与当地经济需求严重不相适应。五是移民区学校普遍缺少教师;六是成人教育发展缓慢。

---

① 田继忠:《应当重视加强对"三西"地区农村移民教育的研究》,《西北人口研究》1992年第4期。

3. 国外的移民教育镜鉴

（1）以色列新移民子女教育

以色列是一个大部分人口由犹太移民构成的国家。[①] 在新移民子女教育中，以色列注重为他们提供平等的教育机会、对他们进行文化适应教育和向他们提供各种教育和心理服务，并致力于缩小新移民子女与原住民子女之间在学业成就上的差距。这些政策和措施对于以色列新移民子女融入以色列学校和社会生活，促进民族融合都产生了积极的推动作用。

（2）德国移民教育

跨文化教育可以理解为德国移民教育的基本理念。[②] 德国教育管理部门针对移民教育的政策出发点是：学生在语言和文化上是异质的。这对学校教育的影响就是不但要为特殊群体制定不同的措施，同时也要兼顾跨文化的教育和培养，这也是学校教育的基本任务。在这种情况下，教育所关心的事情不仅是有移民背景的学生作为特定的目标群体，而是包括了全体学生。

（3）法国移民教育

法国现阶段学校教育的目的，既不是为使移民子女完全同化于法国，或融合于法国社会，也不是为将来归国的准备教育。[③] 其基本主张，是尊重移民者的自我选择，即他们将来是永远居住在法国，还是归国，应由他们自己来决定。因此，学校教育的方针，是承认他们固有的民族与文化特征，同时又能使他们有机地组合到法国的学校与社会。这里所使用的"有机融合"一语，就是一种与同化和同一相异的，具有作为社会成员含义的积极概念。

---

① 邱兴：《以色列新移民子女教育的经验教训》，《外国中小学教育》2005 年第 2 期。

② 刘丽丽：《德国移民教育政策评析》，《理论前沿》2005 年第 11 期。

③ 王军：《法国的移民教育》，《外国教育研究》2001 年第 4 期。

（4）美国移民教育

移民潮给美国社会带来了深刻的影响，美国的学校"正在经历来自全世界说上百种不同语言的孩子的大量充斥"。终身教育强调学习和受教育机会的平等性、个人持续性的发展、受教育者的主体性等，但在美国这样一个高度重视终身教育的国家里，移民大量出现所带来的教育上的种种问题却与终身教育的理念产生了相当大的矛盾和冲突，影响了终身教育的实现，只有很好地解决了这些矛盾和冲突，才意味着终身教育理念在实践层面的真正实现。[1][2]

城市移民的发展相应带来教育需求问题，而其中教育成本的支付存在很大的争议。美国20世纪80年代由国会颁布的《移民教育紧急法案》就是应对当时国内出现的教育公平需求问题，法案提出由国家承担部分额外开支以支持教育发展中的弱势群体，这在很大程度上推动了美国教育公平与均衡化发展。

（5）英国移民教育

以20世纪80年代为转折点，英国移民教育的前期特点是：政府忽视移民教育，只注重英语语言的学习，把客观环境因素作为移民普遍成绩低下的原因。20世纪80年代起，多元文化主义的提出及在移民教育中的应用，使得移民教育的特点发生明显改变。政府开始关注移民教育并且制定相关政策，学校开始进行多学科的课程教育，学术界的讨论也把成绩低下的原因归于学校和学生自身。英国移民教育经历了由单线到多面、由表象到实质、由

---

[1] 傅林：《终身教育背景下当今美国的移民教育问题》，《内蒙古师范大学学报》（教育科学版）2006年第7期。

[2] 张苏、刘莉莉：《美国移民子女基础教育公平资助政策探究》，《外国教育研究》2009年第8期。

笼统到具体的转变,最终为"多元文化主义"和"反种族主义"所取代。①②

三、建构大型水利工程移民教育体系的建议

当前已经存在各种教育体系,但是对于大型水利工程移民的教育还没有建立起比较完善的体系或制度,大多数的水利工程移民是根据工程的临近和工程导致移民所产生的问题,才考虑到对移民的教育。

由上一章节可知,大型水利工程移民通常具有以下特点:(1)政府主导性;(2)多方参与性;(3)有组织性和系统性;(4)规模性和复杂性;(5)非自愿性和被动性;(6)经济性;(7)社会性;(8)长期性;(9)发展性。

针对以上特征,结合现有教育体系的优势,以及大型水利工程移民教育体系存在问题,我们对大型水利工程移民教育体系的构建提出以下建议:

1. 完善移民区教育的管理体制,提供法律政策保障

(1)受教育机会的平等性

这种制度尤其在国外的移民政策中体现的非常重要,同样,在面对大型水利工程移民通常具有文化素质不高,经济水平落后的情况,强调受教育机会的平等是促进移民教育的基本动力和保障。主要措施为:增大政府对教育的投入,降低移民接受教育的"门槛",改革高校入学资格考试制度,在教育中淡化移民身份等。

---

① 金帷:《英国:移民教育关乎社会和谐》,《国际教育快讯》2007 年第 4 期。
② 吴霜:《面向所有人的教育——西班牙移民教育研究》,华东师范大学 2008 年博士学位论文。

（2）对新移民子女进行文化适应教育

一般而言，移民有三种不同的文化适应模式：A. 抵御型。移民家庭认为他们在新土地上的成功是通过实施文化上的特定战略来实现的，这种战略即是向他们的孩子灌输抗拒新的文化中对他们敌意和消极态度的思想，让年轻一代远离主流文化中可能遭遇到的种种冲突，从而能够以主动者的姿态保持社会控制；B. 融合型。移民教育其子女采取积极开放的态势吸纳移居地文化中一切对他们的生存、发展有用的东西，争取尽早融入主流社会，以减少生存域中的孤独感、陌生感和排斥感；C. 兼容型。这部分移民既能抵御住寄居地中一整套畸形的文化实践和信仰，又能成功地保持住主流社会所承认的他们自己原有的文化模式。研究表明，选择第三种适应方式的移民在对待权威、纪律以及对待家庭、工作、同伴关系方面有较强的适应能力，能主动选择学习，尽可能提高知识和技能水平。当地政府和学校需要结合移民子女的这些文化适应模式，对相应的教师进行培训，并为移民学生提供合适的教育资源和传授恰当的文化适应教育。

（3）为移民子女提供各种心理咨询、教育咨询和其他服务

移民子女通常会对迁移地的生存和教育环境比较陌生，产生各种不适应或前途迷茫的问题，当地政府和学校要投入资金建立各种服务设施为移民学生和家长提供咨询。① 为中小学配备了兼职的学校咨询师。学校咨询师的工作不仅涉及教育和心理，而且也包括其他问题。学校咨询师负责实施各种测验兴趣、能力和价值观，并提供不同年级学生所需的有关工作、职业和培训的信息，并参与转介活动和服务。除了教育和心理咨询外，还需向学生提供其他服务，如社会工作者的咨询、辍学劝导和图书馆服务等。

---

① 邱兴：《以色列新移民子女教育的经验教训》，《外国中小学教育》2005 年第 2 期。

目前,除了《中华人民共和国义务教育法》和《流动儿童少年就学暂行办法》之外,还没有专门针对该群体教育问题的法律和规定,而且在实施上述两法的过程中,一些地方政府和学校也没有很好地贯彻执行。① 因此有关管理部门一方面要尽快出台专门的法律,保护这一弱势群体的基本权利;另一方面也要加强法律执行过程中的监督,一旦发现违规行为则严惩不贷。另外,各地方政府除了要严格依法执行义务教育法等法规外,还可以从地区的实际情况出发,制定一些具体的条款,充分利用现有教育资源保证他们"有学上"。还要保证他们"上好学"。在法规制定时,要考虑到移民子女从入学到教学过程的各个环节,只有在每个环节都享有平等,才是真正意义上的平等。

2. 将学校资源纳入移民区建设规划,加强对接收学校的管理

(1)优化移民教育学校资源配置问题

接纳移民的学校布局问题,关系到学校规模的大小和分散程度。② 而学校的布局与规模,又密切联系办学条件的改善,经费的投入分配及效益。同时学校布局的合理,规模的适度直接关系到充分发挥师资作用,落实教学计划,实现科学管理、全面提高教育质量等问题。

为了容纳足够多的移民,移民区学校很可能需要改建、扩建或新建。建设的过程必须考虑到移民的特点和需求,比如进行移民的年龄分布、经济状况、文化素质和生活习俗等方面的调查,同时还要与当地的学校办学思想、文化价值相适应,保障平等接受教育,这些需要应用整体规划,统筹管理和现代优化方法来科学地设计和实施。

---

① 吴霜:《面向所有人的教育——西班牙移民教育研究》,华东师范大学 2008 年博士学位论文。

② 田继忠:《应当重视加强对"三西"地区农村移民教育的研究》,《西北人口研究》1992 年第 4 期。

（2）保证学校教育经费和教育资源的合理利用

国家和地方政府应该承担学校对移民子女的财政支出，避免某些学校打着收取借读费的旗号向家长乱收费。① 另外，一些城市由于人口出生率下降造成部分教育资源闲置，一些学校有足够的能力可以接收移民子女，因此要充分利用这部分资源，扩大招收比例，为移民子女提供受教育的机会，再次要完善学校内部管理。

移民子女进入学校后，会给学校的管理工作带来一些困难，主要体现在学籍管理和行为管理两方面。据此，学校可以根据移民子女的特点和结构来调整和完善学校的内部管理，以保证学校正常教学的有序进行。在科技发达的今天，学校应该充分利用网络技术实现学生学籍的管理和优化。建立数据库，完成校际之间、城际之间的学生学籍管理网络，以克服由于移民子女随父母流动而给学校管理带来的困难。这样简化了转学、入学程序，方便了学生，也减轻了学校管理的负担。

3. 加强移民区教师配备与培训

移民区常常存在着师资数量不足，质量不高，队伍不稳，知识结构不适应等问题。如何为移民区提供足够数量的教师，如何解决教师待遇问题，继续教育问题，加强对教师的管理，如何发挥迁入地教育部门的作用，帮助发展教育，提高质量，是一个非常关键的举措。

移民的综合性和复杂性要求教师的类型多样化，当然图书馆是一个整合的教育空间，应发挥百科全书的教育效果，覆盖所有教师的教育范围。除此之外，必须有针对性的教育方案。

（1）对于中小学生移民，教师的言行和素质对学生的发展起着决定性

---

① 吴霜：《面向所有人的教育——西班牙移民教育研究》，华东师范大学 2008 年博士学位论文。

的影响。所以教师的态度和教学技巧等,对新转入的移民子女能否适应当地的学校生活有着重要的作用。据此,教师首先在态度上避免对他们的偏见和歧视。其次要针对他们的生活习惯、语言习惯和学习习惯等特殊要求,研究和探索接纳性的教育教学方法,如采用分层教学法适应不同学生的需要等。另外,教师还应考虑到这些学生原有的学习基础,尽量进行有针对性的个别辅导,鼓励其进步,从而激发他们学习的积极性。(2)对于受过高等教育的移民,针对他们的专业水平和从业能力,为他们提供科研水平更高的继续教育。(3)对于成年移民,为他们提供职业教育,比如入职前培训,包括农业机械的使用、焊接技术、建筑技能等。除了职前培训,用人单位还对表现较好的移民提供在职培训,使其不断掌握和更新职业技能。如,为移民提供考取各种资格认证书的机会,为其缴纳学习费用和考试费用等。

4. 关于移民教育如何主动为当地经济和社会发展服务

(1)个人可持续性的发展

对于每一个个体而言,受教育的程度将深刻地影响个人的前途、幸福以及他们在社会结构中的地位,对于移民来说,接受教育、及早融入主流社会才能获得个人今后可持续性的发展。① 因此为移民提供移民地的文化政策教育、职业生涯规划和就业信息等教育能够促使移民有选择地去学习,主动地融入当地的经济建设和社会服务中去。

(2)提高社会认可度和支持度

就社会宏观环境而言,目前教育部门并没有针对移民划拨专门的教育经费,因为经费往往都是根据有本地户口的在校适龄学生人数来定的,而且十分有限。所以接受移民的学校一般都会收取借读费,来缓解学校的财政

---

① 傅林:《终身教育背景下当今美国的移民教育问题》,《内蒙古师范大学学报》(教育科学版)2006年第7期。

压力。虽然政府近年来出台了不少有关减少甚至取消学校"借读费"方面的政策,社会各界也大力呼吁,但仍然出现了高额的择校费、赞助费、保留学籍费、杂资费等诸多变相的不合理费用。除了有关教育部门关注过移民的教育问题,很少出现社会机构或者组织来系统地研究和解决这一问题。而且社会上的人还对移民抱有一定程度的偏见和歧视。所以适度改变社会大环境和人们的观念,是对移民教育问题的有力社会支持。

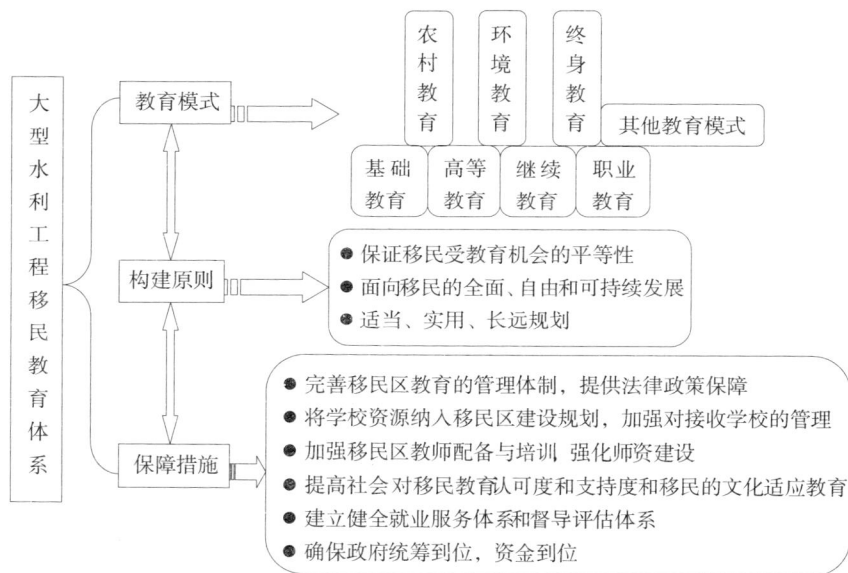

图 2-3　移民教育体系图示

第三章　大型水利工程移民教育政策分析

教育事业是利国利民的国之大计,教育事业的发展水平从某种程度上决定着一个地区、一个民族乃至一个国家的长期持续的发展水平。然而众所周知的是教育事业在相当程度上,是一个公益事业。教育事业不仅需要国家、社会投入大量的人力物力,而且需要国家站在自身发展以及人民的利益层面上,制定完善的法律法规保障教育事业的发展。

而对于大型水利工程的移民教育来说,移民教育事业的发展由于自身移民的相关影响,也会带来与其他教育不同的独特性。这就需要国家与所在地政府通过投入大量的配套资金,制定相应的政策措施来保障库区移民百姓"迁得出、住得下"的基本要求。相关的调查研究表明:大型水利工程的移民教育存在许多问题,诸如大多数库区移民的受教育程度相对于普通民众而言是偏低的,由于自身的经济发展也相对滞后,教育的发展水平也相对比较落后等。这就需要我们的国家和政府不仅要投入相当数量的资金与资源予以扶持和建设,而且需要相关的政策法规予以保障,切实提高大型水利工程移民教育水平与发展水平。

本章主要聚焦大型水利工程移民教育政策的相关问题。第一节介绍我国大型水利工程(或称库区)的相关移民教育政策;第二节主要就我国大型水利工程(库区)的相关教育政策,分析相关各方的利益所在以及存在的矛盾与纠结;第三节基于博弈论的思想,建立一个相关利益者的博弈模型,并以此模型为基础分析相关政策的制定;第四节在分析第三节模型的基础上,提出可能存在的问题与风险,并提出相应的模型修正与解决方案。

一、我国大型移民水利工程的移民教育政策及现状

总体上来说,目前我国关于移民教育相关的研究主要有三种不同形式的内容:一是以三峡为代表的库区移民教育形式;二是以西部甘肃省的"吊庄"为主要形式的移民教育形式;三是以海南省为代表的扶贫移民教育形式。三种移民教育形式的相关政策大致上考虑的都是政策的倾斜与资金的大力支持的问题。对于教育问题,很少提及。

我们主要关注的是大型水利工程的教育移民相关问题,相比较而言,与三峡库区移民的相似程度比较高,所以,我们可以借鉴其库区移民教育在政策层面上的相关问题与研究。

目前,关于大型水利工程的移民教育政策,主要是考虑到库区移民百姓的受教育程度的普遍偏低,提出对移民百姓实施相关的技能培训或高职教育形式,主要的研究有重庆市副市长黄奇帆的《大力发展职业教育 服务百万库区移民》,周庆行与姚俊的《基于就业导向的库区移民职业教育》,赵伟与程立军的《三峡库区移民职业教育的现状和发展构想》等,这些研究都是为了给库区的移民在安置地提供更好的生活条件,做的关于移民教育政策的探讨。

　　考虑到大型水利工程所涉及的库区主要是农村,所以一般情况下,不需要考虑高等教育的相关情况。至于其他的关于移民教育的研究,虽然没有具体说明是哪种教育形式,但从其研究问题的本身可以看出,他们主要也是针对移民学生的基础教育问题,这里所指的基础教育主要是移民学生的中小学教育。这里对他们的研究做大体的介绍。

　　《河南省人民政府关于南水北调中线工程丹江口水库移民安置优惠政策的通知(豫政[2008]56号)》中提出,教育部门要支持移民区发展教育事业,做好移民学生转学入学的衔接工作,并免收借读费用。对移民中的国家在职教师自愿转入安置地的,协调有关部门予以接收安置,并免收费用。移民搬迁后5年内,移民考生在中考、高考录取中予以加分照顾。

　　韩定慧详细地分析了三峡库区教育移民面临的矛盾和困难与三峡库区教育移民若干对策建议。其中,矛盾和困难主要有:(1)库区教育移民与库区教育发展之间的矛盾;(2)库区教育移民投入需求的依赖性与教育移民投入的有限性之间的矛盾;(3)库区教育移民的紧迫性与教育移民的艰巨性之间的矛盾。而相应的对策主要有:(1)统一认识,把库区教育移民摆在库区整体移民的优先位置;(2)科学规划,优化库区教育资源配置;(3)拓宽渠道,增加对库区教育的投入;(4)重点倾斜,制定新的优惠政策;(5)加大力度,深入开展教育移民对口支援工作。①

　　陈亮通过调查问卷的形式,利用SPSS分析重庆三峡库区的中小学生、教师及家长对移民前与移民后师生、班级、学校以及生活教育的对比情况,例如对学生而言,(1)对学校的满意度在移民前后的比较中,呈现极其显著的差异,表明学生对移民后学校的满意度有极其显著的下降;(2)从学生的

① 韩定慧:《论三峡库区教育移民对策》,《中国三峡建设》1997年第7期。

角度看师生关系,其差异是比较显著的,表明学生认为移民后的师生关系与移民前相比有显著下降;(3)学生对班级的满意度在移民前后的比较中,其差异极其显著,表明学生对移民后的班级满意度有极其显著的下降。对教师来说,(1)移民前后教师对学校的满意度比较,其差异是极其显著的,表明教师对移民后学校的满意度有极其显著的下降;(2)从教师的角度看师生关系,其差异是极其显著的,这与从学生问卷中获得的结果一致;(3)移民前后教师之间的关系比较呈显著差异,表明移民前教师之间的关系明显优于移民后教师之间的关系;(4)移民前后教师与家长之间的关系比较呈显著差异,表明移民前教师与家长之间的关系明显优于移民后二者之间的关系。在此基础上分析得到库区移民教育可能存在的隐患问题。①

张学敏指出,目前,可供解决的现存办法也不外乎指望国家的优惠政策、地方政府筹资、对口支援等方式。并进一步提出国家的这些政策,在地方政府的落实与实施的过程中存在着许多的困难与矛盾,文章在此基础上提出一些解决相应问题和矛盾的政策性方案与措施。②

二、大型水利工程移民教育相关政策及各方利益分析

这一节主要分两部分进行论述,第一部分主要是根据张学敏的《三峡库区移民迁校经费缺口分析与对策研究》,以三峡工程相应的库区移民教育政策现状为例,分析中央政府的相关移民教育政策,在地方政府具体的落

---

① 陈亮、朱德全:《重庆三峡库区农村移民教育隐患问题研究》,《西南师范大学学报》(人文社科版)2005 年第 5 期。

② 张学敏:《三峡库区教育移民迁校经费缺口分析与对策研究》,《教育与经济》2001 年第 4 期。

实与实施的过程中,存在的问题及其相关的解决方案和方法;第二部分根据
第一部分的内容进行详细分析,从长期利益和短期(眼前)利益两个方面,
具体分析中央政府层面、当地政府层面以及库区移民百姓层面三个基本层
面的利益诉求以及利益矛盾与纠结所在。

(一)大型水利工程的相关移民教育政策

目前,我国的库区移民教育政策,相当重要的一部分问题是体现在
"钱"上的,而可供解决的现存办法也不外乎指望国家的优惠政策、地方政
府筹资、对口支援等方式。但实际情况却是:

第一,国家的有关优惠政策难以落实。上级有关文件中虽然有一些对
库区移民迁移的优惠政策,但难以落实。例如:学校搬迁所需的占地由当地
政府无偿划拨。而国家对库区淹没县补偿的政策是:补偿包工、任务包干、
多方筹资、结合发展。国务院对移民资金补偿是切块包干到县的,新县城或
其他搬迁建设的土地是以土地补偿金从被占移民那里统征来的。若政府无
偿划拨给学校,资金从何来? 土地指标从何来? 由当地政府无偿划拨实际
是一句空话。又如中小学的教室建筑面积可按"三原"补偿值的 1.5 倍补
偿,国家移民局不曾拨移民资金到县,县移民部门又从哪里去找资金补偿给
学校?

有一项政策可以利用,即各县可以从每平方公里 1.26 亿元的基础设施
配套费中抽取 2%用于教育。但事实上,且不说对于像开县这样一个淹没
大县、移民重县、经济穷县,这个 2%实为杯水车薪,况且在操作中由于种种
说不清、道不明的原因,这个 2%也难以真正落实。

第二,地方政府无力承担,自筹也无条件。政府需要安置的库区中各县

一般都比较贫穷,财政基本上只能保证吃饭。移民迁校出现如此大的资金缺口,远不及实际搬迁需要的半数,库区各地方政府是不可能承担的。库区各县的教育基本上是基础教育,主要是义务教育,其生存和发展的经费全为当地政府财政全额拨款,在现有条件下大多数的地方政府缺乏自筹资金的能力。结果是,地方财政爱莫能助,教育部门一筹莫展。

第三,对口支持难以到位。中央号召国家部、委、局和有关省市对口支持三峡库区移民。但操作中却存在很多问题,经费难以落实到位。以重庆市开县为例,自1995年以来,受援资金只有527万元。原确定对口支持开县的省份,其自身就是我国西部欠发达省份之一,何况接收了开县的几万名农村移民,已经付出了很大代价,再要挤出大量的资金支持开县是有很大困难的,也不现实。因而,开县的教育移民迁校,对此不可能抱有奢望。

教育移民迁校存在的问题必须引起国家和全社会的高度重视,否则将演化为三峡库区乃至三峡工程建设的一个重大隐患。在此,我们认为解决的思路虽然首先还是要积极呼吁政府和社会在上述三方面加大力度,但同时也应该考虑从外发转向内生,即从教育自身的体制尤其是教育投资体制改革方面寻求超常规的办法。

既然以上几方面的落实都存在一定困难,我们也可以再考虑选择一些别的办法。

1. 重组库区教育资源,寻求内涵发展

与其他行业相似,多年来教育资源并非完全优化组合,由于校点布局、办学规模、结构层次等原因造成的资源浪费必然存在。三峡库区的学校搬迁是否要一对一的"原数量、原规模、原结构"定点复建,本身就值得研究。更何况不少随迁学校,由于库区移民的问题,已失去生源和功能,这样的学校迁校何益?原来分散的小规模学校也没有必要按原建制复建,重新布局、重组资源可节约不少搬迁经费。在资源短缺的情况下，调整布局和结构、扩大规模、物力和人力资源重构不仅完全必要，而且通过努力也能够做到。这才是三峡库区移民迁校的内涵发展，一定程度上可以减轻对外部的依赖。

2. 利用教育财政转移支付制度宏观调控三峡库区教育移民经费

三峡工程在我国国民经济发展中的地位毋庸分辩，其直接和间接效益更多表现为全社会的公共性。既如此，便不能由库区人民独立承担与之相连的各种损失。反映在教育上，国家必须承认和正视移民迁校的经费缺口，充分发挥政府（特别是中央政府）的宏观调控能力来解决难题。虽然原有的优惠政策执行起来困难大，但若将三峡工程置于国家发展战略地位，新的办法是可以寻求的。我们认为，政府财政转移支付制度便是一种很好的办法。财政转移支付是政府利用国民收入再分配的权力，根据社会不同人口群体的实际需要，采用财政补贴的方式对社会中的不利人群进行资助，借以维护国家和社会发展的稳定。它可以用来补贴下一级政府的各方面财政缺口，例如农业、水利、交通、卫生、文化、教育等。对于三峡库区，同样可以用政府间专项转移支付方式对移民迁校经费缺口进行财政专项补贴。这将成为我国中央政府在财政转移支付制度上的一个新创举。

3. 用产业经营的方式筹集三峡库区巨大教育移民经费

（1）改变观念，重新审视教育的产业属性

教育活动过程由教育者、受教育者、教育内容、教育手段几个基本要素有机结合而构成。业已形成的观念认为，这几个要素分别体现了教育活动的施教、受教、教什么、怎么教等几个方面，它们的相互结合及其相互运动受教育自身规律所制约。在此认识之下，教育不能搞产业。否则，教育就可能违背其自身规律而按产业的投入产出规律来运行。

这种观念的问题在于对教育手段的理解过于狭窄，而忽视了在进行教育活动的所有教育手段中,除教育方法外还有一些如教育设施。如果说教育者、受教育者、教育内容、教育方法都是教育活动过程的直接要素,它们相互结合及其相互运动是以教和学为核心,必须符合儿童青少年的身心发展规律,那么,教育设施作为保证教育活动得以完成的物质条件,却是与"教和学"这个核心紧密联系但又相对独立的间接要素,即非直接要素。教育设施在教育活动过程中并不会像其他要素那样必须完全按教育规律去运行。所谓教育设施的运行,无外乎其投入使用(不是指在教育过程的具体运用)和管理几个主要方面,其目标是充分保证"教和学"的进行。为着这一目标的充分实现,很显然,教育设施如何投入、使用和管理并不是问题的根本。进而言之,为确保"教和学"的进行,教育设施可以被看作像企业的厂房、设备等固定资产那样按市场规律运行。在此观念之下,教育的产业属性便可以定义在教育的间接要素层面,这并不影响教育必须符合儿童青少年身心发展规律的特殊性。

三峡库区教育移民搬迁中的经费缺口,集中反映在搬迁的土地面积归还、学校校舍复建及其按发展需要必须改善和扩建校舍所需经费不足。说到底,它们都是教育的直接要素,是教育设施。对于缺口的补偿,既然目前已陷入困境,为什么不把问题解决的思路调整一下,用产业经营的方式来解决这些教育设施的不足呢? 笔者认为这是完全可以的,也是完全必要的,唯其如此才能超常规地开发三峡库区的教育移民搬迁费用,解决移民迁校中的巨大经费缺口。

(2)成立三峡教育投资开发公司,广纳百川之源筹集教育移民搬迁资金

校舍实际上就是用于教育的房地产,其投资实际上是房地产的投资。教育活动只要有校舍使用,并不一定必须拥有这些房地产的所有权。因此,

校舍完全可以像经营房地产那样来投资并取得利益回报。这种思路对于解决三峡库区的校舍建设具有非常重要的意义,我们可以成立三峡教育投资开发公司解决三峡库区的校舍建设及其用地资金问题。既是投资,应该获取回报,这可以激励众多的社会投资者(企业、社会团体、个人和家长)参与三峡库区教育移民搬迁投资。

诚然,在我国实行这样的改革必须要有较大的勇气,同时,最关键的是需要政策支持。但是,既然三峡库区的教育移民搬迁遇到前所未有的难题,其解决办法也应当是前所未有的超常规思路。

(二)移民政策各方利益分析

这一部分主要是从主体的利益诉求出发,结合上面张学敏的《三峡库区移民迁校经费缺口分析与对策研究》政策方面存在的问题与相应的对策方案,以及当地库区移民教育的实际,分析库区移民政策相关利益各方彼此间的利益关系与矛盾纠结所在。

首先,我们考虑关于移民教育政策的各方利益相关者主要分为:中央政府、地方政府以及当地的移民百姓三个基本的层面。

其次,我们根据利益的效用时间将利益大体上分为长期利益与短期利益(或眼前利益)。其中长期利益主要是在表达十年以后各方利益主体的利益诉求,而短期利益(或眼前利益)则是目前短短几年内,各方利益主体的利益诉求的体现,是当政者以及移民百姓可以在短期内看到或"体会、感受"到的利益的体现。

以此而论,就中央政府、地方政府以及当地的移民百姓这三个基本库区移民教育政策的利益群体而言,在长期的利益诉求上是一致的,即中央政府与当地政府从长期来看,都希望社会安定和谐、平稳发展、百姓生活得好。就移民教育而言,中央政府与当地政府则希望移民百姓都能较好地享受到教育的权利,并一定程度上成为高素质、高水平的人才,为国家或库区的建设贡献一份力量。而库区百姓在长期利益上,则希望能过上好日子,各种物质条件有充分的保障。就移民教育而言,库区百姓则希望享受到良好的教育,借助国家和政府提供的相应教育条件,并通过自身的努力来改变自身落后、贫穷的状况,从而使生活得到保障,真正地过上小康的生活。因此,我们可以看出,中央政府、地方政府以及当地的移民百姓三个基本利益层面,在长期利益诉求上是殊途同归的。

而中央政府、地方政府以及当地的移民百姓三个基本利益主体,在短期的利益诉求上却是充满矛盾与纠结的。具体分析如下:

中央政府层面:近年来,无论是三峡库区移民教育,西北某些地区以"吊庄"为形式的移民教育还是海南省的扶贫移民教育中,都突出两个矛盾的关键点——"钱"与"政策"的问题。

首先,从一些关于移民教育的文章中,我们不难看出:主要的问题是中央政府投入的钱总是不够,似乎只要国家投入足够的钱,教育移民的问题基本上就解决了。但是,国家的财政支出是有限的,国家考虑要解决的问题也不单单是一个移民教育的问题,而是要从全局出发,统筹安排的。所以,对于钱的问题,国家着重考虑的还是:如何才能利用有限的钱和资源尽可能地搞好库区的移民教育。

其次,有的学者在文章或调研中提到:国家关于库区移民教育的政策难以落到实处,有的学者甚至还提到国家需要在移民教育的相关政策上有所倾斜的问题。可见,国家在库区移民政策制定上应该考虑的问题则是:如何制定相关的库区移民教育政策以及制定怎样的政策,才能既有利于地方政府的落实与实施,又有利于库区的移民百姓尽可能地享受到公平受教育的权利。

地方政府层面:由于地方政府受自身条件的限制(如自身的经济发展水平),不可避免地面临一些学者提出的诸如有些国家的政策难以落到实处;对于政策规定的款项地方政府由于贫穷无力承担,自筹也无条件;对口支持难以到位等(详见《三峡库区移民迁校经费缺口分析与对策研究》)问题,使得当地政府很难将移民教育的问题解决好。

站在当地库区政府的角度来说,或许首先考虑的是国家的拨款,希望更多的国家拨款,以尽可能多的资源来解决当地移民百姓的教育问题。在国家拨款有限的情况下,应该考虑的问题是:如何尽可能合理地利用资金与资源以及自己手中的权力,解决移民教育问题。

另外,还应该充分地调研本辖区内的教育状况,对当地库区的教育资源与教育现状有一个理性客观的了解和认识。充分考虑诸如库区的学校搬迁是否要一对一的"原数量、原规模、原结构"定点复建;对于那些失去生源跟功能的、偏远地区教育设施与资源相对落后的学校,以及一些分散的小规模的学校是否有必要按照原建制复建等问题。

对于这样的问题,当地政府可以考虑对辖区的学校进行重新布局,重新整合诸如师资等教育资源,这样的话,就可以节约不少的拆迁经费。因此,当地政府考虑在资源短缺的情况下,调整移民安置后的教育布局和结构,整合掉一些落后、偏远、规模小的学校,节约下来的资金与资源可以用来扩大移民后新建学校的规模,协调物力和人力资源重构等,当地政府通过自身的努力是能够做到的。

(注:在《三峡库区移民迁校经费缺口分析与对策研究》中,提出的相关政策与策略也可以参照和考虑)

第一，详细研究库区现有教育规模和可能发展规模、实际教育资源和将必需的教育资源。在教育移民搬迁中改变"一对一"的简单复建校舍的基本政策观念，优化组合资源，克服"小而全"造成有限资源不能充分利用的弊端。

第二，评估学校资产，地方政府可以集中部分学校资产或鼓励社会机构作为发起人，广泛吸纳社会资金组建股份制的三峡教育投资开发公司，待条件成熟和在政府的支持下，可以成长为上市公司，降低公众对三峡教育投资的"门槛"。这样可以新建较大规模的优质学校校舍。

第三，按上述方式搬迁的新学校，实行教育教学管理权、校舍投资形成的资产所有权和教育资产的经营管理权"三权分立"。

第四，利用人们对优质教育需求的热情，搬迁后的部分学校可以实行收费制，学校以收取的学费租用校舍，教育投资开发公司从而获得应有的回报。做到这一点，必须有一个重大的观念革新，突破中小学收取学费这一敏感禁区。事实上，各地都有收取学费的中小学，在现有巨大优质教育需求情况下，这不仅满足社会需求，也完全符合优教优酬的原则。

第五，用上述方式运作三峡库区的校舍搬迁，可以极大地增加教育移民搬迁经费来源，节约有限的教育资源并用于一般学校的搬迁复建。

当地学校老师学生等为代表的库区移民百姓；但是，《三峡库区移民迁校经费缺口分析与对策研究》中提出的一系列政策措施，主要是站在政府层面考虑的，缺少针对库区移民百姓的切身利益的分析。移民希望得到较好的教育，尽量能跟当地较好的教育相差不大，而且不要低于原居住地的相应教育设施与水平；再就是希望能够在自己的安置地附近（就近）接受教育。

总之，问题的关键在于：如何适当地调整相关的政策，从而来处理好移民教育资源的不足与浪费的矛盾。

三、基于博弈论的相关政策分析

在这一章节中，我们主要考虑的问题是：在前一节分析的库区移民教育利益相关各方（中央政府、当地政府、库区移民百姓）的基础上，建立一个博弈的模型，提出一个在有限的资源条件下，如何解决教育资源不足与可能产生浪费的矛盾的政策方案，希望给政府的决策提供有用的帮助。

博弈论（Game Theory），博弈论是指研究多个个体或团队之间在特定条件制约下的对局中利用相关方的策略，而实施对应策略的学科。有时也称为对策论，或者赛局理论，是研究具有斗争或竞争性质现象的理论和方法，它是应用数学的一个分支，既是现代数学的一个新分支，也是运筹学的一个重要学科。目前在生物学、经济学、国际关系学、计算机科学、政治学、军事战略和其他很多学科都有广泛的应用。[1][2]

施祖留根据水利工程中相关的利益各方的风险以及收益方面不对称性等特点，提出基于博弈论的两方与三方的委托—代理博弈的模型，给中央政府层面对当地政府层面的监管与监督提供一定的指导。他的研究主要考虑了中央政府与地方政府之间的博弈。按照上文的分析，我们认为中央与当地政府在某种程度上共同的利益诉求是一致的，在分析问题时，可以把中央政府与当地政府两个层面上的利益主体，合成一个共同的整体来进行分析。[3]

---

[1]　博弈论，http://wiki.mbalib.com/wiki/%E5%8D%9A%E5%BC%88%E8%AE%BA。

[2]　博弈论，http://baike.baidu.com/view/18930.htm。

[3]　施祖留：《水利工程移民管理理论框架研究》，河海大学 2003 年博士学位论文。

考虑到有相当一部分移民,由于移民地土地等资源的缺乏或经济收入等因素的影响,很有可能依靠外出打工来生活,这样就不可避免地出现:有的移民在外打工时带着自己的子女,那么其子女就会跟随父母到异地接受教育;另外,也有相当一部分移民百姓,可能就近投靠自己的一些亲属,那么这部分移民百姓的学生很有可能就要到邻村(已经建好)的学校中接受教育。与此同时,当地政府如果依然给这部分移民在移民安置地提供相应的教育资源的话,就会造成安置地教育资源的浪费,如一直存在的部分移民学校的闲置等问题。

由于资金、土地、师资、教学设施等资源的限制,将国家跟当地政府合成一个博弈对象——政府,将以学生为代表的当地移民看成另外一个博弈对象——移民百姓。这样,我们以此可以考虑相关的博弈模型。

由于教育资源的缺乏,我们可以考虑政府在建设学校以及配置其资源时,考虑移民百姓的入学诉求,即结合上面的分析,基本上可以将移民百姓的学生分为两种:一种是在政府安置的学校中接受教育;另一种是不在政府安置的学校中接受教育。

对于在政府安置的学校中接受教育的学生,政府要尽可能地提供好的教育设施与资源,一方面可以在满足库区的移民百姓"住得下"的要求下,提供一定的保障;另一方面,如果政府安置学校所提供的教育资源让库区移民百姓"过于失望的话",不仅会降低政府的公信力,而且有可能引起移民百姓的重新择校,从而在一定程度上也会造成政府移民教育资源的浪费。

对于那些不在政府安置的学校进行学习的学生,根据实际情况大体上可以分为三种。第一种是库区移民学生的家长,希望给予自己的子女较好的教育,主动把子女转到教育资源丰富、教学质量与水平较高的学校;第二种则为库区移民百姓由于迫于生计外出打工，又要照顾自己的孩子，不得不把子女带到异地进行求学接受教育；第三种为存在相当一部分移民百姓，可能就近投靠自己的一些亲属，那么这部分移民百姓的学生很有可能就要到邻村（已经建好）的学校中接受教育。为了分析研究的方便，我们都将他们归为不在政府安置的学校中学习的学生。

对于在政府安置学校上学的学生，政府应尽可能地为其提供良好的教育设施与资源；而对于不在政府安置学校上学的学生，政府应给予其一定的补贴，从而更好地为移民百姓服务。

（注：为了体现库区移民教育的独特性，我们可以将不在政府安置的学校中接受教育的移民学生理解为：不在移民安置村落接受教育而到附近村落（现成）的学校中接受教育的学生）

至于提供的补贴，我们可以考虑将安置库区学生的全部教育设施、资源等转换成资金的形式，并将这笔资金平均到应安置库区学生的身上，我们不妨将其称为生均教育基金 m（也就是将政府打算投入库区移民教育资金与资源等折合成金钱的形式，然后再将其平均到每个应该安置库区内的学生身上）。根据实际情况（或博弈模型），给出一个百分比 θ，这样，我们就可以给出不在政府安置的学校接受教育的每个学生的补贴 t 等于生均教育基金乘以百分比，即 $t = m \times \theta$。（关于补贴的具体实施方法可参照海南省的扶贫教育移民政策，给学生的补贴分为一次性补贴与经常性补贴两种来考虑）

这样，既可以给那些不在政府安置学校接受教育的学生以生活补助，又可以将节约下来的资金、资源用于建设政府需要安置筹建的学校，从而为库区的移民百姓提供更良好的教育，而且还达到了节约资源的目的，进而使得库区的移民教育更有效率地实施和进行。

思考百分比 θ 的确定问题

为了方便分析,我们可以假设以下的变量

M:政府需筹建的学校等教育设施以及其他教育资源折合的总资金数目;

N:库区移民百姓需要接受教育的总人数;

p:自然选择在政府安置的学校中接受教育的百分比;

n_1:选择在政府安置的学校中接受教育的学生人数,即 $n_1 = N \times p$;

n_2:选择不在政府安置的学校中接受教育的学生人数,即 $n_2 = N \times (1 - p)$;

m:生均教育基金,即为 $m = \dfrac{M}{N}$;

θ:发放补贴占生均教育基金的百分比,$\theta = \theta_1 + \theta_2$;

θ_1:发放给异地学校的补贴百分比;

θ_2:发放给异地学校接受教育的移民百姓学生的补贴百分比;

t:政府给予不在其安置学校进行教育的补贴数,即 $t = m \times \theta$;

t_1:发放给异地学校的生均补贴数;

t_2:发放给异地学校接受教育的移民百姓学生的生均补贴数;

$C(x)$:政府投入资金 x 用以筹建安置学校所得到收益的效用;

$c_1(x)$:政府投入资金 x 后,对于选择在政府安置学校接受教育的移民百姓的效用;

$c_2(x)$:政府投入资金 x 后,对于选择不在政府安置学校接受教育而获得政府补贴的移民百姓的效用;

d:选择不在政府安置学校接受教育的移民百姓安置自己子女异地择校的成本。

下面,我们用博弈的思想来描述上面所论述的政策或策略的实施过程,以及利益相关者的利益体现与诉求情况。

(一)政策博弈模型 Ⅰ

1. 参与人:政府与移民百姓

博弈顺序

(1)自然选择一个不在政府学校接受教育的库区移民学生的百分比 p ;

(2)政府通过调查或与库区移民百姓了解移民百姓的选择意向,即选择在政府安置的学校中接受教育与选择不在政府安置的学校中接受教育;

(3)移民百姓根据自己的利益诉求进行选择;

(4)政府根据移民百姓的选择意向,确定一个发放补贴占生均教育基金的百分比 θ ;

(5)政府发放给不在其安置学校的学生补贴,然后整合剩余的资金与资源,筹建库区移民教育设施并配置好相应的资源;

(6)移民安置学校筹建完成后,库区的移民百姓根据其选择意向,确定让自己的子女是否到政府安置的学校中接受教育;

(7)政府根据移民百姓子女的入学情况,给出一定的处置措施,即对于那些接受补助却还到政府安置学校接受教育的移民百姓,以及接受补助却没有让自己的子女接受教育的移民百姓,根据移民百姓的实际情况给予相应的处置。

支付

移民百姓的相关支付情况为:

（1）选择在政府安置学校中接受教育的移民百姓的支付为：

$$c_1\left(\frac{M - tn_2}{n_1}\right);$$

（2）选择不在政府安置学校中接受教育的移民百姓的支付为：

$$c_2(t) - d;$$

政府的支付为：

$$C(M - tn_2) + c_1\left(\frac{M - tn_2}{n_1}\right) \times n_1 + [c_2(t) - d] \times n_2。$$

（注：为了体现库区移民教育的独特性，我们可以将不在政府安置的学校中接受教育的移民学生理解为：不在移民安置村落接受教育而到附近村落（现成）的学校中，接受教育的学生）

其中，由于考虑到政府是利他性的，所以在政府的支付中，我们考虑的是政府自身的效用、选择在政府安置学校中接受教育的移民学生的效用总和以及选择不在政府安置学校中接受教育的移民学生的效用总和三者的总效用。我们只要求解 $\max\left\{C(M - tn_2) + c_1\left(\frac{M - tn_2}{n_1}\right) \times n_1 + [c_2(t) - d] \times n_2\right\}$，求得相应的发放补贴占生均教育基金的百分比 θ，这个问题就得到了解决。

这里，还应该考虑以下的问题：

（1）对于那些接受补助而又将自己的子女安排到政府安置的学校中接受教育移民百姓，该如何处理？

（2）对于那些接受补助却不让子女接受教育的移民百姓，该如何处理？

（3）剩余给政府的经费不足以建设一个学校，该如何处理？

这里的前两个问题涉及，给不在政府安置学校接受教育的学生发放补贴的方式方法问题,这里提到的方法可以从博弈顺序(6)中得到具体的体现。具体来说,就是对于第一个问题我们可以在发放补贴的时候对接受补贴的移民百姓,可以进行相应的登记,学生在接受教育时(例如学生入学时),按照登记的情况,接受政府提供的安置教育。而对于第二个问题,政府应多关心移民百姓的生活,出现这个问题主要是因为相应的移民百姓过于贫穷的原因,政府应考虑是否给予适当的贫困补助等措施。

另外,对于前两个问题,我们还可以考虑在学生补贴发放方式上采取相应的对策,即我们可以考虑将这部分补贴发放给学生(主要是指不在政府安置的学校中接受教育的学生)当地的教育部门或选择安置的学校,让这些部门为这部分学生在教育上提供一定的便利条件(诸如代为发放补贴或购置相应的教育设施等)。

至于第三个问题,考虑到与政府以及库区移民百姓的长期利益诉求有一定的联系,所以此问题将在后文中探讨。

2. 博弈模型及相关政策的修正与改进

考虑到第三节最后所讨论的几个问题,并且通过分析就可以得到上面所建立的模型,可能由于给不在政府安置学校接受教育的学生补助的原因,造成库区移民百姓倾向于选择到异地(可以理解为到别的村落)接受教育,虽然政府也倾向于不建设或少建设学校,但这对库区移民教育事业的长期发展是十分不利的。这就要求政府部门要把眼光放长远一些,不要仅仅局限于眼前的局部利益。

具体来说,考虑到上面所论述的模型的博弈均衡,有可能趋向于不利于中央政府甚至当地移民安置百姓的长期利益诉求,即当地的移民百姓由于"贪图"所谓补贴的"眼前利益",而忽略了在自身安置地筹建学校的长期利益,从而导致博弈出现大多数的移民百姓倾向于选择接受政府发放的补贴,让自己的子女到外地(也可以理解为到附近的村落)去接受教育。进而导致当地政府在移民安置点,只建设寥寥无几的几所学校,甚至会出现(由于剩余的资金不足)没能建设一所学校的情况。从库区移民教育事业的长期发展来看是十分不利的。当地政府可以考虑补贴的具体实施过程:

对于前面提到的可能出现的移民百姓拿到补助而没有让自己的子女到外地(也可以理解为到附近的村落)接受教育的情况,政府可以考虑,将这部分补助先暂时放到移民百姓选择接受教育的"外地"(此处所指的"外地"是指不在政府安置学校的地方)教育部门,在移民学生入学以后,由所在地教育部门或学校每月按时发放给移民百姓学生一定量的生活补助形式的补贴。

从政府以及当地移民百姓长期的利益(这里主要是指当地教育事业的发展问题)来看,上面的博弈将这个问题主要转化为当地政府发放给移民百姓的补贴数目以及发放形式的确定问题。从理性的角度分析,对于当地移民百姓来说,一般都会倾向于得到政府的补贴,但考虑到自身异地择校的成本,会根据政府补贴数目的不同而选择不同的策略。即当政府的补贴大于或等于择校成本时,在不考虑教育本身差异的情况下,移民百姓会倾向于选择到异地(也可以理解为到附近的村落)去接受教育,而当政府的补贴不足以抵消异地择校所带来的成本时,就会倾向于慎重考虑自己的选择问题。所以问题的关键转化为发放补贴占生均教育基金的百分比 θ 的确定问题。

如果再考虑细致一点的话,可能存在移民百姓选择地的教育资源限制的问题,也有可能是移民百姓的学生由于自身的素质跟当地的学生有一定的差异的原因,导致移民百姓的学生在异地择校的过程中,很有可能受到教育部门或学校一定的"排斥"。对此,当地政府可以考虑将 θ 分成两部分: θ_1 与 θ_2($\theta = \theta_1 + \theta_2$)。其中, θ_1 为当地政府分配给"异地"教育部门或学校的百分比,可以认为是给相关教育部门或学校接受库区移民百姓学生的补贴;θ_2 为当地政府发放给异地择校的移民百姓学生的生活补贴,考虑到可能存在的问题,在其具体的实施过程中,由当地教育部门(或异地学校)代为保管与发放,每个月给异地(也可以理解为到附近的村落)接受教育的学生发放其中的一部分作为其生活补贴。对于那些不在异地(也可以理解为到附近的村落)接受教育的移民学生,则不予发放。由当地移民政府回收,以用于相关教育事业的经费。这样,对上面所论述的博弈过程给予修正。

(二)政策博弈模型 Ⅱ

参与人:政府与移民百姓

博弈顺序

(1)政府向移民百姓发布相关的移民教育政策;

(2)移民百姓根据自己的利益诉求初步进行选择;

(3)政府通过调查或向库区移民百姓了解选择意向,即选择在政府安置的学校中接受教育与选择不在政府安置的学校中接受教育,以此初步确定一个不在政府学校接受教育的库区移民学生的百分比 p;

(4)政府根据移民百姓的选择意向以及初步调查了解的百分比 p,并进一步确定一个发放补贴占生均教育基金的百分比 θ,以及 θ 分成两部分 θ_1 与 θ_2($\theta = \theta_1 + \theta_2$);

(如果移民百姓大多数倾向于到异地去接受教育,则政府应考虑到长期利益关系,仔细研究是否在移民安置地筹建学校的问题)

(5)政府向移民百姓公布补贴的发放数目($m\theta_2$)以及发放方式;

(6)移民百姓根据补贴的发放数目($m\theta_2$)以及发放方式,决定学生接受教育地的选择；

（7）政府根据移民百姓的意愿选择，把补贴暂时发放给相关的教育部门，然后整合剩余的资金与资源，筹建库区移民教育设施并配置好相应的资源；

（8）移民安置好后，移民百姓根据其意愿选择学校接受教育，对于那些登记的异地接受教育的情况，委托相关的教育部门给学生按月发放相应的生活补助。

支付

移民百姓的相关支付情况为：

（1）选择在政府安置学校中接受教育的移民百姓的支付为：

$$c_1\left(\frac{M - tn_2}{n_1}\right) ;$$

（2）选择不在政府安置学校中接受教育的移民百姓的支付为：

$$c_2(t_2) - d ;$$

政府的支付为：

$$C(M - tn_2) + c_1\left(\frac{M - tn_2}{n_1}\right) \times n_1 + [c_2(t_2) - d] \times n_2$$

模型最后还是要通过对 $\max\{C(M - tn_2) + c_1\left(\frac{M - tn_2}{n_1}\right) \times n_1 + [c_2(t_2) - d] \times n_2\}$ 的求解，得到一个相应的发放补贴占生均教育基金的百分比 θ。但是，我们这里没有具体的说明 θ 的具体分配问题，即 θ_1 与 θ_2 的确定问题。如果需要进一步考虑的话，我们可以将相关的接收学校作为博弈的参与人，建立一个三方博弈的模型。具体一些来说，也就是找到一个让异地（也可以理解为到附近的村落）学校接收库区的移民学生的一个相应补贴的最下限(或称下确界)t_1。这样就可以在满足当地库区教育事业长期发展的前提下,尽可能地多给在异地(也可以理解为到附近的村落)接受教育的库区移民学生。

考虑到当地库区移民安置地的移民教育的长期发展问题,政府可以通过调整补贴的比例θ,来"驱动"库区移民百姓的选择,使其满足长期的利益诉求。也就是说,我们也可以进一步将在博弈模型中的(5)(6)(7)三步反复地进行,演化成一个有限阶段的博弈。这种类似于"有限阶段讨价还价"的博弈,有利于我们这种政府导向型政策的确定与实施,无论是对中央政府、当地政府还是大型水利工程移民的百姓都是有相当积极的效用的。

第四章　大型水利工程移民教育评价及其相关问题

教育是构建社会主义和谐社会、全面加快小康社会建设进程的基础。而教育评价是检验教育效果的关键,移民教育评价关系到移民工作的进程,关系到社会安定,如何确定评价移民教育水平是否达到标准,评价指标和评估方法显然越来越重要。以下将重点研究大型水利工程移民教育评价问题。

一、移民教育评价:内涵、意义

(一)教育评价含义

评价存在于人的一切有目的的活动之中,教育是一种有目的的活动,教育评价随着教育活动而产生。教育评价(Educational evaluation)这一概念,由美国俄亥俄州立大学教育科学研究所泰勒(R.W.Tyler)于 1930 年首次提出,在美国国会 1965 年通过的《初等及中等教育法案》中得以合法化。[①] 泰勒研究认为,如果把培养高级智慧技能作为教育目标的话,那么这些技能就必须加以测量。在此基础上,泰勒提出了以教育目标为核心的教育评价理论。所谓教育评价,是指通过系统地采集和分析信息,对教育活动满足预期需要的程度做出判断,以期达到教育价值增值的过程。[②] 教育评价是对教育活动满足社会与个体需要的程度做出判断的活动,是对教育活动现实的(已经取得的)或者潜在的(还未取得但有可能取得的)价值做出判断,以期达到教育增值的过程。[③] 目前,教育评价思想在世界范围内广为传播,其在改善教育系统方面的重要性已获得广泛认同。自 20 世纪 60 年代传入我国,已越来越成为我们核定教育机构办学效能、评定个人工作绩效、改进教育政策方案、改善管理体制的效率、促进教育质量不断提高的必要手段。教育评价与教育基础理论、教育发展理论并列为当代教育科学研究的三大领域。随着我国教育事业的发展,我国教育评价理论正逐步系统化,教育评价实践正逐步制度化。作为一种社会活动,教育评价已逐渐成为现代教育和现代社会进步不可缺少的杠杆之一,日益受到人们的重视。

根据分类标准不同,教育评价可划分为:宏观教育评价(教育思想评价和教育制度评价等)和微观教育评价(教育系统内部及学校各类教育思想和教育活动的评价),以评价的对象为依据,可将教育评价划分为学生评价、教师评价、课程与教学评价和学校评价;按照评价参照的标准不同,可划分为相对评价、绝对评价和个体内差异评价,按照评价的主体不同,可划分为自我评价、他人评价或内部评价、外部评价;根据是否采用数学方法,可划

---

① 张晓青:《多元化教育评价体系的思考和探索》,《佛山科学技术学院学报》(社会科学版) 2009 年第 3 期。

② 卢晓东:《中美大学本科专业设置比较》,《比较教育研究》2001 年第 2 期。

③ 陈玉琨:《教育评价学》,人民教育出版社 1999 年版,第 185 页。

分为定性评价、定量评价,按照评价目的或进行的时间划分,又可分为诊断性评价、形成性评价和总结性评价等。诊断性评价是为了发现被评对象在以往学习的知识、技能或心理上存在的问题,以便对症下药;形成性评价是为了分析教育过程中存在的问题,为正在进行的教育活动及时提供反馈信息,以提高教育活动的质量;总结性评价的目的在于区分评价对象的优劣程度,并以分等鉴别为标志。

(二)教育评价起源

教育评价的产生有着悠久的历史,作为一门学科,它已经有 30 多年的历史。教育评价理论的发展经历了四个阶段(1900—1930 年,称为评价的"测量时代";1930—1940 年,称为"描述时代";1950—1970 年,称为"判断时代";1980 年至今,"共同构建"、"全面参与"、"多元价值"的评价时代)。每个阶段的价值取向有所侧重,反映在职业教育上则影响着相应时期的职业教育质量评价观。汪飞君将我国的教育评价划分为觉醒、活跃、规范和创新四个阶段。我国西周时代就采用以试选士,这是最早的教育评价。[1] 孙中山先生在《五权宪法———民权初步》中指出:"现在各国的考试制度,差不多都是学英国的,追根溯源,英国的考试制度,原来是从我们中国学过去的。"[2]因此,国内外许多学者都认为教育评价源于中国。1985 年 5 月,中共中央颁布了《关于教育体制改革的决定》,提出了建立我国教育评价制度。1985 年 6 月,教育部召开了《高等工程教育评价问题专题讨论会》,这是第

---

[1]　汪飞君:《我国教育评价发展综述》,《科教文汇》2010 年第 9 期。
[2]　马娥:《近 20 年国内学前教育评价研究文献综述》,《延安职业技术学院学报》2009 年第 6 期。

一次全国性的教育评价研讨会,它标志着我国教育评价研究和实践真正开始起步。1990 年,原国家教委颁布了《普通高等学校教育评估暂行规定》,这是新中国成立以来第一个关于教育评价的规章性文件,标志着我国教育评价的理论和实践工作走向了规范化。2002 年,国务院颁布了《基础教育课程改革纲要(试行)》,全国开始开展教育评价的试点和改革。随着国家一些教育改革制度的颁布,素质教育在全国范围内全面推行,出现了一些素质教育的评价模式,如"主体性素质教育评价模式""个体发展教育评价模式"、"五育并举目标模式"、"层次结构目标模式"等,产生了诸如"素质教育报告单""分数+等级+评语"等评价报告模式。① 总之,我国教育评价取得了很大成绩:1)对国外教育评价理论和实践工作有了较为全面的了解;2)基本建立了我国教育评价理论和方法体系;3)形成了我国教育评价的实践模式;4)初步形成我国教育评价制度的基本框架。②

(三)教育评价研究进展

从教育评价的历史来看,教育评价经历了一个从主观评价到教育测量,又从教育测量到教育评价的两次变革过程。教育测量最关心的是教育效果的数量化,而教育评价的目的是为最大限度地发挥教育评价及其价值的作用服务。如果说从主观评价到教育测量的转化,是一场评价方法论的变革的话,那么从教育测量到教育评价的转化,则是一场评价目的论的变革。随着教育评价的发展,涌现了许多关于教育评价的文献。其中既有关于教育评价的定性分析,也有其定量表示方法。

---

① 肖远军、邢晓玲:《我国教育评价发展的回眸与前瞻》,《江西教育科研》2007 年第 12 期。
② 吴纲著:《现代教育评价基础》,学林出版社 1996 年版,第 1—2 页。

张晓青以英语教学为研究对象,构建了符合时代发展的多元化教育评价体系。① 王坚红、项宗萍、刘焱以幼儿教育为对象,分别从不同角度讨论了教育评价。②③④

谢峰指出交互式评价、自我评价、形成性评价相结合,最终达到要我评价为我要评价,只有被评价者充分发挥了主观能动性,才可能真正实现评价与学习、工作过程的结合,否则,外部推动力再大,也不可能真正实现评价的真正目的,体现评价的真正价值。⑤

马世晔介绍了各国的教育评价方法:⑥

TIMSS 是由国际教育成就评价协会(IEA)从 1995 年以后进行的数学和科学成就比较项目,每 4 年一轮,主要是通过测试和问卷测量各参加国、地区学生数学和科学成绩的状况。调查的对象主要是 4 年级(9 岁)和 8 年级(13 岁)的学生。

IEA 的国际阅读素养进展研究(PIRLS)以 5 年为一个周期,PIRLS 将 9 岁左右(四年级)的学生确定为测试对象。

学生能力国际评价(PISA)是经济合作与发展组织(OECD)发起并于 2000 年起组织实施的评价项目,每 3 年 1 次。该评价的目标是建立常规的、可靠的,与政策相关的学生成就评价指标体系,帮助各国、地区政府和决策者评价和监控国家的教育成效。

美国教育进展评价(NAEP)是美国唯一的具有全国性、代表性和持续

① 张晓青:《多元化教育评价体系的思考和探索》,《佛山科学技术学院学报》(社会科学版) 2009 年第 3 期。

② 参见王坚红:《学前教育评价》,人民教育出版社 1994 年版。

③ 项宗萍、廖贻:《六省市幼教机构教育评价研究》,教育科学出版社 1995 年版。

④ 刘焱:《试论托幼机构教育质量评价的几个问题》,《学前教育研究》1998 年第 3 期。

⑤ 谢峰:《关于教育评价的若干思考》,《教育时空》2009 年第 6 期。

⑥ 马世晔:《国外主要的基础教育评价体系及特点》,《素质教育大参考》2008 年第 14 期。

性的学生学业成就的评价,定期对写作、科学、历史、地理、公民学、外语、艺术等学科进行测试,测试内容主要是学校课程和国家课程共同的知识、技能的掌握情况。

英国的评价项目:把义务教育阶段划分为四个关键阶段,即:KS1,5—7岁;KS2,7—11岁;KS3,11—14岁;KS4,14—16岁,分别对学生在7岁、11岁、14岁和16岁时学习国家课程各科目的情况进行全国统一评定。

澳大利亚的评价项目:教育进展评价(NAP)是澳大利亚政府2008年准备推出的全国性评价项目,NAP由联邦政府批准设立并划拨专款,对中小学3、5、7、9年级的各个学科情况进行全面的测评,以对全澳各地的教育水平和发展做出定期的、系统的评价。

以上都是关于教育评价定性化描述或者教育评价方法总结。关于教育评价定量化表示也很多,如运用数据包络法定量化表示教育评价。

傅毓维以普通高等学校为研究对象,所选取的各项统计数据均为我国普通高等学校的统计数据,不包括成人高等学校。运用基于 DEA 的区域高等教育资源配置评价模型,对我国高等教育资源近十年来的配置状况进行纵向的分析评价。[①] 谢劲运用 DEA 理论对安徽市县党校教育资源配置效率问题进行研究,充分地揭示出影响资源配置效率的原因,并提出优化方向及对策,为促进安徽市县党校建设和发展提供参考。[②] 刘昊昕根据河北省高校资源历年来的统计数据,建立指标体系,进行数据处理,利用 DEA 模型计算,对河北省自 1995 年至 2006 年的高校资源利用率进行分析,得出河北省教育资源配置效率有所改善,师资力量整体水平有所提升,但其中固定资

---

① 傅毓维等:《基于 DEA 的高等教育资源配置的评价模型研究》,《黑龙江教育》2005 年第 3 期。

② 谢劲:《基于 DEA 理论的安徽市县党校教育资源配置效率研究》,《理论建设》2006 年第 6 期。

产等指标仍存在浪费,而教育经费仍显不足,所以我们需要加强这两方面的资源的调配。① 傅毓维按照评价对象群体公认的合理的资源配置结构标准,对评价指标权重加以约束,利用带偏好锥的 DEA 模型评价了我国 31 个省市区高等教育资源配置结构效益,系统分析了现阶段我国各省市区高等教育资源配置结构方面的薄弱环节。这对于优化区域高等教育资源配置结构、提升区域高等教育竞争力具有重要的实践价值。②

除数据包络法(DEA)外,还有其他一些研究方法,如熵值法、回归算法、AHP 层次分析法、模糊综合评价方法等。马丹运用熵值法客观赋权,构建了我国高等教育资源配置效益评价指标体系,并以湖北地区高校为典型案例,定量评价了 1998—2004 年湖北地区高等教育资源配置效益。③ 评价结果对于优化高等教育资源配置结构具有重要的实践价值;同时,结果也表明熵值法是科学有效的。曲建民用回归分析理论,建立高等教育的预测模型,使用的主要方法是最小二乘法。④ 徐儒在分析三峡库区现状的基础上,对教师信息化教育评价体系进行深入研究,给出了评价模型,利用回归算法进行分析,建立了科学的教师信息化教育综合评价体系,为评价三峡库区教师信息化教育的效果以及改进和深化提供了一个可行性的解。⑤ 王楠 对中国教育评价信息的挖掘进行了研究,鉴于高职教育评价指标体系,以 AHP

---

① 刘昊昕、郑昱君:《基于 DEA 模型的河北省高等教育资源配置效率研究》,《现代经济》2009 年第 2 期。

② 傅毓维等:《基于偏好 DEA 模型的区域高等教育资源配置结构效益评价》,《价值工程》2006 年第 6 期。

③ 马丹:《熵值法在高等教育资源配置效益评价中的应用》,《煤炭高等教育》2008 年第 9 期。

④ 曲建民:《回归分析在高等教育评价中建立预测模型的应用》,《数学理论与应用》2006 年第 9 期。

⑤ 徐儒:《回归算法在三峡库区教师信息化教育评价体系中的应用》,《成都大学学报》2009 年第 2 期。

层次分析法为基础,改革其定量分析的不足,在 AHP 层次分析法基础上综合运用改进的遗传算法建立数据挖掘模型,并对教育指标之间的关系做出了科学的定量分析。[①] 赵英男建立了研究生教育评价指标体系,并在此基础上采用了模糊综合评价方法,通过具体实例分析,表明该指标体系以及评价方法具有一定的实用性和可操作性。[②]

二、移民教育及其评价目的和意义

教育评价本质上是一种价值判断活动,是对教育活动现实的或潜在的价值做出判断,教育评价是一个过程,应以教育活动满足社会与个体需要的程度作为价值判断的准则,其最终目的是达到教育价值增值,推动教育发展。

教育评价作为一种价值判断活动,不是单一性活动,不是对事物"优劣好坏"的简单断定,而是一个对特定教育现象复杂的、系统的考察与评判过程。评价也不是一种一次性活动,而是一个连续性的、动态的过程。泰勒曾指出:"评价在任何时候都必须包括一种以上的评估,因为要了解变化是否已经发生,必须先在早期做出一次评估,再在后期做出几次评估,从而才有可能确定所发生的变化"。教育评价是对教育现象及其发展变化具有重要影响的持续的价值判断过程。

新中国成立以来,我国进行了大规模的水利水电建设,众多水利工程移

---

① 王楠等:《基于 AHP—GA 方法的教育评价信息挖掘技术研究》,《天津理工大学学报》2008 年第 12 期。

② 赵英男等:《模糊综合评价法在研究生教育评价中的应用》,《科技和产业》2008 年第 11 期。

民的迁移及发展,不仅是一项政治任务,更是一个社会经济问题。移民是否迁得出、安得稳、富得起,不仅直接关系到水利工程的顺利建设与否,更关系到广大移民的切身利益,关系到移民长远发展,直逼社会的和谐稳定。移民的关键在于可持续发展,可持续发展的关键在教育。移民教育问题是移民迁建过程中的关键环节之一,对移民教育效果进行评估是检验移民迁建工作运行状况的关键,也为之后移民问题提供指导。

移民教育评价是指对大型水利工程当中涉及的移民进行教育效果评价。其目的是通过教育评价,检验移民教育工作进展状况,并为下一步移民教育工作有序高效进行提供指导。

(一)移民教育评价遵循原则和要素

1. 移民教育评价要遵循以下原则

(1)科学性原则:评价指标的选择必须全面客观地反映移民教育的基本特征,各项指标含义明确,计算方法规范,功能相对独立。

(2)系统性原则:把移民教育作为一个系统来对待,设计出由教育经费投入、办学条件、教育成果方面指标所构成的指标体系,并采取科学的综合评价方法,对一定时期教育的总体水平和进程进行反映。

(3)层次性原则:设计指标时应分为不同层次,以反映移民教育的深度状况和结构性特征。第一层为总目标层,第二层为指标层,第三层为子指标层,是指标层的分解。

(4)可行性原则:各项指标的含义、统计口径、计算公式方法等,力求规范化、标准化、统一化。

(5)可操作性原则:所设计指标数据尽量易于收集、整理,综合评价方法应用简便,所得评价结论能够反映实际。

（6）移民的独特性原则：移民教育评价与普通教育评价不同。所以在其指标体系设计时,必须反映移民的特点。①

2. 移民教育评价的要素

教育评价的本质要求评价必须以测量、统计和研究为基础,以发展为目标,并成为日常教育实践的活动之一。教育测量（measurement）和教育统计（statistics）是产生教育评价学科的基础。② 教育评价是教育管理的手段之一,不能把教育评价的功能局限在评判等级、奖惩界定和考核评比等方面,其核心目标应该定位在促进教育发展上,包括促进教育系统、教育机构和教育人员等各个方面的发展。在教育评价活动中,必须高度重视鉴别问题、分析困难、寻找原因和提出对策等,而不仅仅满足于获得数据、产生结果和做出判断。

教育评价的要素如下：③

（1）教育价值：评价什么是有价值的、什么是无价值的。不同的教育机构具有不同的教育使命（mission）和机构定位,不同的教育项目也具有不同的目标和任务,因此,在教育评价的过程中,评价者必须认清被评价教育机构应该实现的教育价值。

（2）评价目的（aims）或目标（objectives）：教育评价的目的对于被评价者而言是清晰的,而且,评价目标与被评价者的自身期望非常一致。

（3）评价过程：评价过程的本质是评价者与被评价者共同参与的互动过程,是共同按照有效的测量方法收集有效数据和信息的过程,是共同就评

①　刘贤江：《社会主义新农村建设中教育评价指标和方法初探》,《高科技与产业化》2006 年第 2 期。

②　张意忠：《论教育评价的科学依据》,《黑龙江教育》2007 年第 10 期。

③　朱益民：《对我国教育评价实践的审视》,《教育测量与评价》2009 年第 6 期。

价所涉及的教育活动进行共同观察、分析和研究的过程。

(4)评价者：美国评价学会对评价者提出了五条指导原则，包括系统探究、能力、诚实、尊重人和有公众的责任。

朱益民在分析上述教育评价核心要素的基础上，进一步提出了加强理论研究、政策建设、人员发展和评价后活动等教育评价发展途径。①

（二）移民教育评价指标体系构建

移民教育资源配置评价除要遵循一定原则外，要有相应的评价指标，指标选择得当，评价结果准确而且能提高工作效率。教育评价指标体系的设计是教育评价工作得以开展的重要前提之一，科学而又合理的评价指标体系是保证教育评价工作成功的关键。那么什么是移民教育评价指标呢？

1. 移民教育评价指标定义

移民教育评价指标体系是由反映移民教育本质的评价指标、指标权重、指标标准等构成的一个有机集合体。在这个集合体中评价指标是根据评价目标分解出来的具体的评价内容。

根据其层次性，评价指标又可逐级分为一级指标、二级指标、三级指标等。指标层次结构内第一层次的各条指标即一级指标，它反映一级目标的主要特征；第二层次的各条指标即二级指标，是二级目标可测性的反映。一般来说，一级指标是相对抽象的，而后逐级越来越具体。指标权重是在其他因素不变的条件下，该指标的变化对教育结构的影响程度。与指标系统一样，指标权重系统可以看作是人们价值认识的凝聚物。指标系统反映哪些

---

① 朱益民：《对我国教育评价实践的审视》，《教育测量与评价》2009 年第 6 期。

因素是有价值的,权重系统反映评价因素的价值有多大。评价标准是衡量评价对象达到评价指标各项要求的尺度。根据达标程度可分为不同等级,不同的等级有不同的评价标准。从理论上说,等级数量越多,评价的精确度就会越高。但事实上,心理学研究表明,超过五元划分,一般人就很难掌握。所以,评价标准等级一般是用2—4级为宜。

2. 移民教育评价指标体系构建的基本要求

(1)评价指标体系的设计应有目的性

教育评价根据评价目的来分,有三种类型:诊断性评价、形成性评价和总结性评价。这三种类型评价根据其评价目的不同,要求评价的指标也不同,所以设计移民教育评价体系时,首先要考虑移民教育评价的目的是什么。我们进行移民教育评价是为了测评我国移民教育工作效果,为了分析移民教育过程中存在的问题,为正在进行的移民教育活动及时提供反馈信息,以提高教育活动的质量,为下一步工作提供指导,所以属于形成性评价。由于形成性评价是融教育活动过程为一体的,它要求能随时随地进行评价。所以移民教育评价指标体系应是易于掌握和运用的。同时该指标体系还应反映出移民教育活动的不同阶段的特点和水平,具有一定的动态性。

(2)设计主体的广泛参与性

以往的教育评价指标体系的设计仅仅是评价专家和教育管理部门的事,所设计的指标体系存在较多弊端,要么不全面,要么不合评价对象的实际,评价对象对评价指标体系往往难以接受,不愿积极地配合评价活动。因此,在设计移民教育评价指标体系时,要广泛吸取移民和其他有关人员的合理意见,以使评价指标体系更加全面、更切合实际、更有群众基础、更能反映移民教育效果。

（3）设计的指标体系应具有可操作性

指标体系应尽量做到条目简明，指标体系中的各项指标要有权重，且权重的分配要科学合理。

（4）设计的指标体系应具有一定的灵活性

我国地域辽阔，存在着"多元的经济"社会，相应地也存在着多元的教育，指标体系还要反映出各移民地教育的特色。①

3. 设计移民教育评价指标体系注意问题

（1）借鉴与发展相结合

构建移民教育评价指标体系时，可以借鉴其他指标体系中好的指标，但同时也要考虑移民自身的特殊性、依据评价的目的加以发展。

（2）一般与特色相统一

一般是指共性的内容。在构建移民教育评价指标体系时需要体现共性，但在共性中也要表现特色，突出移民教育发展的特点。

（3）定性与定量有机结合

定性分析是用语言描述形式以及哲学思辨、逻辑分析揭示被评价对象特征的信息分析、处理方法。定量分析是指用数值的形式以及数学、统计方法反映评价对象特征的信息、分析、处理方法。定量分析和定性分析这两种方法各有所长，两者是互补的，因此在评价指标选取时，采用定性与定量相结合的发式。

（4）全面与重点相结合

评价指标体系越全面、越系统，就越能反映评价对象的本质，评价结果也就越准确，因此，评价指标体系应全面。然而，事实上，当人们制定评

---

① 蔡建东：《略论教育评价指标体系的构建》，《洛阳师范学院学报》2000 年第 6 期。

价指标体系时,即使在考虑非常周到的情况下,也难免会有挂一漏万的现象。另外,指标体系面面俱到,会大大增加评价的工作量,这样必然会降低评价工作的可行性与准确性。因此在设计移民教育评价指标体系时,应根据评价对象的特点及具体的评价目的,对数量庞大的指标进行精简,选择最能反映评价对象属性、最能满足评价目的要求、最能反映人们的关注焦点的指标构成指标体系。特别是要反映对于移民教育出现的突出问题,比如:调整学校布局、加强师资队伍建设、推进中小学教育信息化建设等。

（5）现实性与发展性相统一

现实性要求从特定的客观实际出发,反映事物当前的状况,它对评价对象的未来状况缺少关注。发展性要求在评价被评价对象的现状时对未来的发展要具有导向作用,让被评价者清楚今后的努力方向。只有既关注现实,又关注未来,才会在诊断现实情况的同时,对移民教育未来发展提出希望,对县域移民教育起到激励、促进作用。①

4.移民教育评价指标体系

根据以上移民教育评价指标体系构建原则、基本要求以及注意事项,确立能够反映移民特色的教育评价体系。其中一级指标有:环境与安全、学校布局、教师队伍、教学质量与教学效益、基础设施、教育发展战略、移民受教育状况、教师安置。每个一级指标又分别由若干二级指标构成。评价指标权重赋予相同,指标评价等级可以分为四个（非常符合、较符合、较不符合、不符合）或三个等级标准（符合、基本符合、不符合）进行评价。具体移民教育评价指标体系见表4-1。

---

① 张春宏:《县域义务教育评价指标体系研究》,东北师范大学2007年硕士学位论文。

表4-1 移民教育评价指标体系

一级指标	二级指标	指标评价
环境与安全	教育法律法规	认真组织进行教育法律法规的学习、宣传活动,形成尊师重教、尊重知识、尊重人才的良好社会风气
		对违反教育法律法规的现象和违法案件能及时纠正和查处,保证适龄儿童的入学,不随意挪用教育经费等
	安全	建立健全由公安、司法、教育、文化、工商等部门共同负责的学校安全工作机制,及时处理学校安全事件,保证学校、教师和学生的合法权益不受侵犯
		切实加强中小学安全工作,建立中小学安全工作责任制,制度健全,责任落实,校内无重大安全事故发生
		维护学校的正常教学秩序,不随意安排学生参加与教育无关的会议、庆典、劳动等
学校布局	学校建设数量	移民迁入地学校数量必须合理,既满足移民子女受教育,又避免学校废弃
	学校地理位置和规模	学校位置合理、规模能够满足需求
教师队伍	教师数量	教职工的数量充足
	教师专业结构	教师专业结构合理
	教师年龄结构	年龄结构合理,骨干及中青年教师是教学的主力,避免教师老龄化或过于年轻化
	教师业务素质	优秀教师占一定比例
	教师学历	教师的学历水平符合义务教育阶段国家要求
	教师队伍稳定	创设民主、和谐的工作环境,对贡献大的教师给优厚待遇,防止骨干及优秀教师流失
		制定政策,鼓励并吸引大学生到移民迁入地学校工作,保证师资力量的不断增强
	教师待遇	将移民地区教师工资纳入县级或者市级财政预算,建立稳固的教师工资发放体系,建立责任制和责任追究制,保证教师工资按时足额发放
	教师继续教育	财政保证教师继续教育培训费以政府财政拨款为主,按时足额划拨,多渠道筹措
		定期组织教育行政管理干部、校长、教师参加培训,做到有规划、有政策保证
		形成有地方特色的、本土化的教师继续教育管理模式
		对教师进行教育信息素养的培训,提高教师教育信息意识和能力

续表

一级指标	二级指标	指标评价
教学质量与教学效益	教学质量	普及义务教育情况达到省定"普九"标准
		保证接受九年义务教育的学生知识、能力达到相应要求
		社会、单位对毕业生工作情况满意,给予肯定性评价
		毕业生的知识、能力、素质能够适应工作岗位的需要,能够在当地经济、社会发展中发挥作用,能够推动地方经济、社会发展
	教学效益	移民迁入地师生比不断提高,达到城市水平
		保证小学、初中适龄儿童入学率和巩固率达标
		辍学率、复读率不断下降,升学率、毕业率不断提高
基础设施	学生学习、生活以及实验配套设施	保证移民区域内各级各类学校的教学用房和各种设施的充足,如教室及辅助用房、实验室、微机室、图书室、学生及职工宿舍、食堂等逐步配备齐全,符合国家及省定标准
		保证县域内各种教育培训机构的教学用房和各种设施建设
		学校的生均占地面积,生均建筑面积,生均图书和仪器设备数量及使用情况达到省定标准
		有可供学习的生产实践基地,并充分加以利用,不浪费资源
	校舍等维修	建立农村义务教育阶段中小学校舍维修改造长效机制,制订改造薄弱学校的规划和年度计划,建立薄弱学校建设专项经费,采取具体措施,分期分批进行改造
教育发展战略	教育目标确立	教育要促进移民迁入地经济、社会发展
		培养移民子女具有升学和就业以及将来作为合格公民的基本素养
	教育优先	确立"科教兴村、科教兴县"发展战略,把移民教育纳入村、县经济和社会发展的总体规划中,对移民教育事业进行优先安排,切实落实教育优先发展的战略地位
	决策的科学性	决策坚持民主、创新、信息和可行性原则
		建立合理的民主决策程序,保证教育决策机制有效运行
		制定出保证移民区域内义务教育均衡协调发展的科学决策
移民受教育状况	移民与迁入地学生受教育程度比较	15岁及以上人口平均受教育时间(年),15岁及以上人口文盲率,基础教育普及率,中小学在校人数,职业技术教育在校学生人数占总人数比例合理
	移民学生归属感	移民学生安全感、亲切感、适应性
	移民前后受教育程度	受教育程度是否存在区别
移民教师安置	移民教师安置情况	安置不影响教师自身发展
		移民教师安置有助于提高教学质量
		教师经济状况有所改善

三、移民教育评价方法

教育评价方法既有定性分析法也有定量分析法,所谓定性方法是指:用语言描述形式以及哲学思辨、逻辑分析揭示被评价对象特征的信息分析、处理方法。定性分析方法的优点在于:(1)适合于微观层面对社会现象的分析研究;(2)对评价者背景的观念、意识进行分析;(3)对不熟悉的现象进行探索性研究;(4)了解事件发生的动态过程;(5)通过归纳的手段自下而上建立理论,可以对理论有所创新。所谓定量分析,是指用数值的形式以及数学、统计方法反映评价对象特征的信息分析、处理方法。与定性分析相反,它的优点在于:(1)适合在宏观层面大面积地对社会现象进行统计调查;(2)可以对事先设定的理论假设进行检验;(3)可以通过实验进行对比分析;(4)可以从样本推断总体;(5)可以通过测量做出客观而精确的判断。关于定性评价与定量评价的争论在教育评价研究中由来已久,虽然目前人们对之已基本达成了一种共识:实现二者的有机结合。

而 AHP 方法正好是定性分析与定量表示相结合、系统化、层次化的分析方法,故采用 AHP(层次分析法)进行移民教育评估。

层次分析法(AHP,Analytical Hierarchy Process)是由美国运筹学家沙旦提出的一种多目标决策分析方法。[①] 其核心是把所研究的复杂问题看作一个大系统,通过对系统的多个因素的分析,划分出各因素间相互联系的有序层次,建立数学模型,并计算出每一层次全部因素的相对重要性的权值,加

---

① 向定峰等:《基于 AHP 的城乡教育资源优化配置》,《跨世纪》2008 年第 8 期。

以排序,最后根据排序结果进行规划决策和选择解决问题的措施。本文根据学科水平评估的特点,建立了一个三层学科水平评估指标体系。大致步骤分为:①建立层次结构模型;②构造判断矩阵;③层次单排序;④层次总排序。

具体步骤是:①

(1)构造判断矩阵 A。采用美国运筹学家 T.L.Saaty 教授提出的 1—9 标度法对不同评价指标进行两两比较,构造判断矩阵。

(2)确定各指标权重。利用计算机求解判断矩阵 A 的特征根,找出最大特征根 λ_{max}($\lambda_{max} = \sum\limits_{i=1}^{n} \frac{(AW)_i}{nW_i}$)及其对应的特征向量 w,即得到同一层各指标相对于上一层某指标的相对重要性的权重排序。

(3)进行一致性检验。用 T.I. Saaty 的平均随机一致性指标对判断矩阵 A 进行一致性检验。根据各平均一致性指标,求出判断矩阵 A 的一致性指标 $CI = (\lambda_{max} - n)/(n - 1)$ 和随机一致性比率 CR=CI/RI。若 CR<0.1,则认为判断矩阵 A 具有满意的一致性,否则必须重新调整矩阵,直至具有满意的一致性。

为提高层次分析方法在决策过程中的应用准确度,围绕移民教育评价中所要考虑的各要素的规律和特点,我们应该遵循以下原则:(1)独立性原则:指标体系内同一层次各指标相互独立,不相互包含或重叠;(2)客观全面性原则:测量指标既能客观反映被选择对象的属性,且能综合反映对象的大部分信息,如示范性学校的选择,则需要考虑学校地理位置、办学效果、学风、师资配置等情况;(3)可行性原则:制定的指标体系能切实可行,即可以量化,简单易行,实施方便;(4)可比性原则:指标必须反映被选择对象的共同的本质属性,能规定出相同的尺寸,能建立相互比较的关系。

—————————

① 高治军:《基于层次分析法与模糊评价的学科水平评估》,《重庆交通学院学报》(社科版) 2006 年第 3 期。

第五章 大型水利工程移民学校布局
与教育资源配置管理

一、我国学校布局调整趋势分析

（一）国内教育资源布局

Ross 研究了教育资源配置的四要素：基础教育配置、课程设置、学校选址布局、学生教育需求。[①]

Rizman 采用多目标规划（goal programming）研究俄亥俄州立大学的空间布局问题。[②] Giannikos 采用目标规划（goal programming）研究大学的空间布局问题。[③] Benjamin 用层次分析法（Analytical Hierarchy Process，AHP）

① Ross KN，Levacic R. Needs-Based Resource Allocation in Education via Formula Funding of Schools. International Institute for Educational Planning，UNESCO，Paris，1999.

② Rizman L，Bradford J，Jacobs R. A Multiple Objective Approach to Space Planning for Academic Facilities. Managerrlent Science，1979，Vol（25），No（9）：895-906.

③ Giznnikos I，Lees P，Eldarzi E. An Integer Goal Progran-maing Model to Allocate Offices to Staff in an Academic Institution. Journal of the Operational Research Society，1995，Vol（46），No（6）：713-720.

解决 Missouri-Rolla 大学的实验室布局问题。① Burke 研究了英国 96 个大学的空间布局问题。② Selod 研究了种族隔离前后南非城市。种族隔离法废除后，黑人和白人间的不平等减少了，事实上，黑人和白人孩子一起受教育后黑人孩子更注重仪表③

1. 教育资源布局调整的必要性的实证分析

根据教育部公布的资料，柳海民的研究显示我国农村的中小学正经历着总体生源减少、学校数量减少的变化——农村中小学教育资源布局调整是一个不可忽略的问题。④

表 5-1 1997—2008 年农村小学招生人数和在校生人数

年份	小学招生人数（单位:人）	比上一年增减的人数（单位:人）	增减的比例（单位:%）	小学在校生人数（单位:人）	比上一年增减的人数（单位:人）	增减的比例（单位:%）
1997	17059171			95604440		
1998	15100116	−1959055	−11.48	94394988	−1209452	−1.27
1999	13530446	−1569670	−10.40	90741269	−3653719	−3.87
2000	12537476	−992970	−7.34	85035137	−5706132	−6.29
2001	13118320	+580844	+4.63	86048027	+1012890	+1.19
2002	12946506	−171814	−1.31	81416791	−4631236	−5.38
2003	11924477	−1022029	−7.89	76891519	−4525272	−5.56

① Benjamin C,Ehie I,Omurtag Y. Planning Facilities at the University of Missouri-Rolla. Journal of Interfaces,1992,Vol(22),No(4):95-105.

② Burke EK, Varley DB. Space Allocation:An Analysis of Higher Education Requirements. Lecture Notes in Computer Science,1998,Vol(1408),20-33.

③ Selod H,Zenou Y. Location and Education in South African Cities under and after Apartheid. Journal of Urban Economics,2001,49:168-198.

④ 柳海民等:《布局调整:全面提高农村基础教育质量的有效路径》,《东北师大学报》(哲学社会科学版)2008 年第 1 期。

续表

年份	小学招生人数（单位:人）	比上一年增减的人数（单位:人）	增减的比例（单位:%）	小学在校生人数（单位:人）	比上一年增减的人数（单位:人）	增减的比例（单位:%）
2004	11302638	−621839	−5.21	73785984	−3105535	−4.04
2005	10678543	−624095	−5.52	69478276	−4307708	−5.84
2006	10814409	+135866	+1.27	66761432	−2716844	−3.91
2007	10346386	−468023	−4.33	62507310	−4254122	−6.37
2008	9857702	−488684	−4.72	59248829	−3258481	−5.21

来源:根据柳海民 1997—2009 年教育部网站公开发布的教育统计数据整理。

表 5-2　1997—2008 年农村初中招生人数和在校生人数

年份	初中招生人数（单位:人）	比上一年增减的人数（单位:人）	增减的比例（单位:%）	初中在校生人数（单位:人）	比上一年增减的人数（单位:人）	增减的比例（单位:%）
1997	10637876			29376498		
1998	11445048	+807172	+7.59	30752833	+1376335	+4.69
1999	12354140	+909092	+7.94	32697714	+1944881	+6.32
2000	12658790	+304650	+2.47	34284664	+1586950	+4.85
2001	1118144	−1477346	−11.67	31213026	−3071638	−8.96
2002	10808626	−372818	−3.33	31088266	−124760	−0.40
2003	10635941	−172685	−1.60	31603983	+515717	+1.66
2004	10242925	−393016	−3.70	31682659	+78676	+0.25
2005	8825438	−1417487	−13.84	27846594	−3836065	−12.11
2006	8096000	−729438	−8.27	25636576	−2210018	−7.94
2007	7167724	−928276	−11.47	22526035	−3110541	−12.13
2008	6770405	−397319	−5.54	20642417	−1883618	−8.36

来源:根据柳海民 1997—2009 年教育部网站公开发布的教育统计数据整理。

表 5-3　1997—2006 年农村小学和初中学校数

年份	小学学校数	教学点数	与上一年比小学学校增减数量	小学学校增减比例（单位:%）	初中学校数	完全中学数（9 年一贯制）	与上一年比初中学校增减数	与上一年比初中学校增减的比例（单位:%）
1997	512993	186962			42230	1957		
1998	493152	178952	−19841	−3.87	41329	1853	−901	−2.13
1999	468527	165374	−24645	−4.99	40421	1808	−908	−2.20
2000	440284	157519	−28243	−6.03	39313	1753	−1108	−2.74
2001	416198	110419	−24086	−5.47	35023	1602	−4290	−10.91
2002	384004		−32194	−7.74	33155	1620（4268）	−1868	−5.33
2003	360366	101674	−23638	−6.16	32588	（4663）	−567	−1.71
2004	337318	98096	−23048	−6.40	32713	（5328）	+125	+0.38
2005	316791	92894	−20527	−6.09	30524	（5881）	−2189	−6.69
2006	295052	87590	−21739	−6.86	28664	（6619）	−1860	−6.09
2007	271584	83118	−23468	−7.95	32865	（6741）	4201	+14.66
2008	253041	77519	−18543	−6.83	31458	（6900）	−1407	−4.28

来源:根据柳海民 1997—2009 年教育部网站公开发布的教育统计数据整理。

推进农村中小学布局调整工作是贯彻落实全国基础教育工作会议精神,提高农村教育质量和办学效益,适应农村城镇化发展和减轻农民负担的重要措施。

陈小娅副部长指出:义务教育要做好统筹协调,规划布局。① 黄治中指出②,1997 年韶关市万人在校生数量、每校班级数量、师生比等指标在广东省倒数第二,在仪器设备、办学规模的 17 项指标也低于全省平均水平。从1998 年期,该市实行中小学学校布局。

---

① 陈巍:《义务教育要做好统筹协调,规划布局——教育部、财政部专题调研青海省义务教育工作》,《青海教育》2008 年第 18 期。

② 黄治中等:《基础教育的新跨越——韶关市中小学布局调整一瞥》,《广东教育》(综合版)2001 年第 8 期。

张浩通过对河南省西峡县农村中小学校进行的专题调查,认为强力推进农村中小学校布局调整,是提高和巩固农村义务教育成果的必要手段。

近年来学校布局调整撤并了一批生源不足、办学条件较差的中小学校,使更多的孩子能享受到学校优质教育资源,以促进农村区域内义务教育的均衡发展。

2. 教育资源布局调整的原则、方法

一般而言,教育资源布局主要考虑两个问题:一是便于学生入学,二是有利于提高教育投资的效益,这二者存在着矛盾:从学生入学的方便考虑,学校越分散越好;从提高投资效益看,学校应具有一定的规模。这就涉及二者兼顾的问题,即在不导致学生失学的前提下尽可能提高教育投资的效益。[1]

1999 年,安化县教育局进行了深入的调查研究。收集、整理、分析、计算了多个数据,充分听取群众、基层领导意见,向县委、县政府专题汇报,提出了学校布局调整方案。[2]

薛正斌指出,虽然布局调整取得了一定的成效,但对偏远农村地区教育公平的实施也产生了一些负面影响,对该地区学校布局调整要因地制宜,优化教育资源配置,还要兼顾教育公平,以促进农村义务教育的可持续、健康发展。[3]

重庆市开县大德乡坚持"适当撤并,扩大规模;合理布局,优化配置;改

---

① 赵媛、诸嘉:《基于教育公平的教育资源优化配置研究》,《教育与职业》2008 年第 6 期。

② 丁微:《努力促进贫困县教育资源配置的优化:安化县调整中小学布局的实践》,《湖南教育》2001 年第 18 期。

③ 薛正斌、刘新科:《偏远农村地区学校布局调整对教育公平的影响》,《现代中小学教育》2009 年第 7 期。

善条件,确保入学;提高质量,群众满意"的原则,综合考虑需求与调整、数量与质量、当前与长远的关系,努力优化教育资源配置,大力实施了中小学布局调整工作。2005 年,该乡共有中小学 29 所,其中不到 100 人的学校有10 所,教育教学设施分散,部分学校"超编缺人",一名教师承担四五门学科的教学任务的现象并不少见,素质教育实施困难。为解决以上问题,2006—2008 年,大德乡全面实施了中小学校点布局调整。到 2008 年秋季,全乡初中由 2005 年的 1 所单设初中、1 个附设初中减少为 1 所单设初中;小学由 2所中心校、20 所村校调整为 2 所中心校、10 所村校,共减少中小学校点11 个。①

李君玲分析了作为农村义务教育资源的重新配置,把学校的空间结构看作是社会结构,围绕学校布局调整提出了相应的分析角度,对调整后的可能效果和深层影响进行了分析。

如何使农村基础教育实现均衡发展是一个重大问题,范先佐基于对中西部 6 省(自治区)38 个县市 177 个乡镇中小学布局调整的调查,分析农村中小学布局调整与教育均衡发展问题,并就如何保证偏远地区农村教育的均衡发展提出了相应的对策建议。②

农村中小学教育布局调整的一个重要目的是合理配置教育资源并提高其利用效率。郭清扬结合对 6 省(自治区)调研所获得的大量一手资料,布局调整能否达到这一目的、重点放在哪些方面、需要解决什么问题等进行了分析。③

---

① 陈明建等:《积极实施校点布局调整　推进义务教育整体健康发展——来自重庆市开县大德乡校点布局调整的调研报告》,《基础教育改革动态》2009 年第 10 期。

② 范先佐:《农村学校布局调整与教育的均衡发展》,《教育发展研究》2008 年第 7 期。

③ 郭清扬:《农村学校布局调整与教育资源合理配置》,《教育发展研究》2008 年第 7 期。

表 5-4 农村中小学布局调整的目的

布局调整的目的	权重位次	频数（人）	人次百分比（%）	样本百分比（%）
实现教育资源合理配置和提高教育资源利用效率的需要	1	100	31.4	90
提高教育质量的需要	3	113	22.2	64.2
方便教育管理的需要	2	138	27.1	78.4
实现教育均衡发展的需要	4	95	18.7	54.0
其他	5	3	0.0	1
合计	509	100	0	289.2

备注:n=176。

表 5-5 农村中小学布局调整的目的

布局调整的目的	权重位次	频数（人）	人次百分比（%）	样本百分比（%）
实现教育资源合理配置和提高教育资源利用效率的需要	1	0487	29.1	69.2
提高教育质量的需要	2	0240	28.0	66.6
方便教育管理的需要	3	4907	22.0	52.4
实现教育均衡发展的需要	4	4521	20.3	48.3
其他	5	131	0.0	1.4
合计	22280	100.0	237.9	

备注:n=9368。

3. 教育资源配置调整的博弈分析

政策的执行是政策推行者与接受者之间利益博弈的过程。贾勇宏指出农村中小学布局调整"强制性制度变迁"的特点使村民和地方政府之间的利益博弈与冲突表现得尤为突出。[1] 他们作为两个独立的利益主体以"讨

---

[1] 贾勇宏:《教育政策执行中的村民与地方政府利益博弈——以中西部6省区农村中小学布局调整为例》,《教育科学》2008年第4期。

价还价"形式出现的政策博弈就在所难免,协调双方利益冲突的关键是要适度满足村民的正当利益,实现利益均衡。

二、学校布局决策分析

(一)国外教育资源配置

1. 教育资源配置在代与代之间的变化

Greenhalgh,Parish 指出在台湾的很多家庭,长女在十多岁就会被迫辍学去打工,用她们赚的钱供弟弟、妹妹上学。①② Bowles Dearden,Gary 研究了两代间收入、教育的变化。③④⑤ Chu 的研究关注了教育资源配置模式在儿童身上是怎样一代、一代地变化的。⑥

2. 教育资源配置与经济发展

Knight 发现能力通过获得技能和实现教育水平方面间接地对个人收入

———————————

　①　Greenhalgh S. Sexual Stratification:The other side of 'growth with equity' in East Asia. Population and Development Review,1985,11:265-314.

　②　Parish WL,Willis,Robert. Daughters,education,and family budgets. Journal of Human Resources,1993,28:863-898.

　③　Bowles S. Schooling and inequality from generation to generation. Journal of Political Economy,1972,Vol(80),No(3):S219-S251.

　④　Dearden L,Machin S,Reed H. Intergenerational mobility in Britain. Economic Journal,1997,Vol(107),No(440):47-66.

　⑤　Gary S. Intergenerational mobility in the labor market. In:Ashenfelter,O.,Card,D.(Eds.),Handbook of Labor Economics,1999,Vol. 3. North Holland,Amsterdam.

　⑥　Chu CY,Tsay RS,Yu RR. Intergenerational transmission of sex-specific differential treatments:The allocation of education resources among siblings. Social Science Research,2008,Vol(37),issue(2):386-399.

产生作用,体现在工资水平高。① Behrman,Card,Miller 通过单卵子和双受精卵双胞胎的能力和收入研究发现了更多直接的证据。因为能力强的人在同样的教育中会学的更多。②③④

对单个人的教育投资符合边际效应递减。中等教育阶段对比高等教育阶段的投入产出效果存在争议,Psacharopoulos 认为中等教育阶段的投入产出比比高等教育阶段的大,⑤Psacharopoulos 发现在有些国家高等教育阶段的投入产出比比中等阶段的大。⑥⑦ Psacharopoulos 证明了随着个人教育水平的提高,对个人收入增加的影响降低。对教育投入和产出效果最大的是基础教育阶段。⑧

Winkler 发现政府在教育资源配置方面没有实现优化——很多发展中国家对高等教育的资源配置过多,这与基础教育投入产出比最高相矛盾。⑨

Judson 研究了教育投入是否能促进经济发展和教育资源配置是否有效

① Knight,JB,Richard S. Education,Productivity,and Inequality:The East African Natural Experiment. New York:Oxford University Press,1990.

② Behrman JR,Rosenzweig MR,Taubman P. Endowments and the Allocation of Schooling in the Family and in the Marriage Market:The Twins Experiment. Journal of Political Economy,1994,102(6),1131-1174.

③ Card,D. Earnings,Schooling,and Ability Revisited. NBER Working Paper 4832,1994.

④ Miller P,Mulvey C,Martin N. What Do Twins Studies Reveal About the Economic Returns to Education? A Comparison of Australian and U.S. Findings. American Economic Review,1995,Vol(85),No.(3):586-599.

⑤ Psacharopoulos G. Returns to Education:A Further International Update and Implications. Journal of Human Resources,1985,20(4),583-604.

⑥ Psacharopoulos G. Financing Education in Developing Countries:An Exploration of Policy Options. Washington,DC:World Bank,1986.

⑦ Psacharopoulos G. Arriagada AM. The International Composition of the Labor Force:An International Comparison. International Labour Review,1986,125(5),561-574.

⑧ Psacharopoulos G. Ying C. Earnings and Education in Latin America. Education Economics,1994,2(2),187-207.

⑨ Winkler DR. Higher Education in Latin America:Issues of Efficiency and Equity. 1990,World Bank Working Paper,77.

两个问题。研究通过模型进行,该模型假设学生个体的能力是不同的,而且学校对学生提供技能教育和适应未来教育的能力。跨国家的增长分解回归表明,在教育资源配置不好的国家,人力资本资本积累和国内生产总值增长的关系并不显著,但教育资源配置较好的国家两者有显著的正相关关系。①

3.公共政策对教育资源配置的影响

AJETOMOBI 通过统计 1970—2004 年 Nigeria 的数据发现政府的开支很不稳定、很难预测,失业率和学校在册学生数量正相关,但是政府很少给予相应的教育投资。

Su 研究了公共预算对各个层次教育资源配置。在很多发展中国家高层有绝对的政治权威去实施他们希望的政策,更多的参与高等教育,给高等教育配置的资源远大于给基础教育的;在发达国家给各个教育阶段的资源配置比较均衡(参见表5-6)。②

表 5-6　各国对各级教育投入的比例

国　　家	中等教育/初等教育	高等教育/初等教育
Malawi	3	176
Comoros	4.67	139
Guinea	4	60
Lesotho	3.86	56
China	2	11
India	1.64	9
Brazil	3	10

① Winkler DR. Higher Education in Latin America:Issues of Efficiency and Equity. 1990,World Bank Working Paper,77.

② Su XJ. Endogenous determination of public budget allocation across education stages. Journal of Development Economics,2006,Vol(81),No.(2):438-456.

续表

国　家	中等教育/初等教育	高等教育/初等教育
Pakistan	1.67	10
U.S.	1.41	1.47
Japan	1.12	0.82
France	1.69	1.75
U.K.	1.18	2.35

资料来源:Su。

(二)国内教育资源配置

1.国内学者对教育资源配置的研究现状

教育资源配置(allocation of educational resource)是按照一定的方式,运用一定的手段将教育资源合理分配到教育系统中的各个层次、各个部门中去,以保证教育资源最有效的使用。教育资源配置包括许多方面,其中,基础教育资源配置是主要的方面。

赵蕊指出随着我国社会经济的迅速发展,社会和个人对教育的日益增长的需求与有限的教育资源的矛盾已十分突出。根据不同类型教育产品的性质以及效用外溢性的差别来配置教育资源的方法,是解决这一矛盾的有效方法。基础教育的效用外溢性程度最大,应主要由政府来配置教育资源;高等教育的效用外溢程度次之,应采取公共部门和私人部门相结合的办法;职业教育的效用外溢性程度最小,应主要由私人部门来配置教育资源。[①]

---

① 赵蕊、张学霞:《我国教育资源配置方式选择研究》,《石家庄经济学院学报》2008 年第2 期。

陈飞指出。要促进农村公共教育资源合理配置,必须:①

➢ 改善农村教师待遇,加强师资队伍建设;

➢ 完善教育政策,并在一定程度上向农村教育倾斜;

➢ 理清经费投入主体,完善农村基础教育管理体制;

➢ 改善学校配套设施,有效利用城市优质教育资源,动员社会力量,整合社会资源;

➢ 使农村公共教育资源的配置趋于合理化,满足农村教育改革和发展的需要。

陈穗红指出公共教育资源配置的效率包括两个层次:一是看资源配置的结果能否实现社会福利的最大化——即使公共教育的投入产出比例比较高,但仍存在大量贫困家庭儿童入学困难现象,就不能说这种公共教育资源配置是有效率的;二是投入与产出的比较,在既定投入的情况下,是否能实现产出最大化。② 公共教育资源配置的效率可从以下几方面进行考察:

1)公共教育资源投入与义务教育发展的比较。

2)公共教育资源投入与公共教育资源分布的社会公平程度。

3)公共教育资源投入与教育部门直接产出的比较。

4)公共教育资源投入与公共教育的社会收益率。

5)受教育者的就业情况。

同时,她还指出我国公共教育资源配置效率的现状及问题:

1)公共教育资源在不同层次教育中的配置结构有所改善,基础教育中的突出矛盾得到初步缓解,但义务教育和基础教育仍然是薄弱环节,影响公

---

① 陈飞:《促进农村公共教育资源合理配置》,《盐城师范学院学报》(人文社会科学版)2009年第4期。

② 陈穗红等:《公共教育资源配置效率的考察与现状分析》,《财政研究》2003年第7期。

共教育资源配置效率提高。

2）公共教育资源投入总量增加，但分配的公平程度有待改善。城乡之间、地区之间公共教育资源投入和教育发展水平差距巨大。直接影响公共教育资源配置效率和国家整体教育水平的提高。

3）生均教育经费逐步增长，但人员经费比例过高，公用经费投入不足，制约着教学条件的实际改善程度。教育经费使用和管理效率不高。

4）公共教育资源存量增大，资源结构和布局的合理性发生变化，教育资源配置效率的进一步提高要求资源存量的及时、合理调整，但增量投入的短缺阻碍着存量调整的进度。

5）各级普通学校毕业生升学率提高，大学生就业市场供求出现不平衡，对提高公共教育资源配置效率产生负面影响。

汪开寿指出我国公共教育资源配置存在总量投入不足和存量结构失衡的问题。真正解决这些问题，需要制定颁布《教育投入法》；加大政府财政对公共教育的投入力度，切实转变公共教育发展重点，加大基础教育特别是义务教育的投入比例；拓宽投融资渠道，增大教育资源总量；建立教育成本补偿制度，促进地区之间、城乡之间教育协调发展。[1]

苗文利指出美国高等教育已经达到总量比较充足、结构比较协调、布局比较均衡的高级发展阶段，这种局面的形成不仅因为美国人非常重视高等教育，而且很大程度上得益于美国高等教育多元化的投资机制，得益于其市场化的资源配置机制。服务社会的实用主义办学理念，也是美国高校赢得政府与社会广泛支持的重要原因。[2]

---

[1]　汪开寿：《论我国公共教育资源的配置》，《中国教育学刊》2006 年第 5 期。

[2]　苗文利：《美国高等教育资源配置对我国高等教育的启示》，《中国矿业大学学报》（社科版）2009 年第 3 期。

在增进知识、发挥理智的作用,以及创建和维护真正的优势方面,大学应该是所有机构中最为重要的(Abraharn Flexner)。①

张盛仁指出教育产权理论、规模经济和范围经济理论是教育资源配置的理论基础。②

2. 教育资源配置研究的基本方法

(1)层次分析法

层次分析法是美国运筹学家沙旦提出的一种定性与定量分析相结合的多指标决策分析方法。面对复杂的决策问题,先对问题所设计的诸多因素进行分类,然后构造一个各因素之间相互连接的层次结构模型,进而通过定量分析得出各个候选对象的排序。

向定峰运用层次分析法建立层次结构模型,结合专家经验或群众意见,给出城乡教育资源优化配置的定量化描述,即综合权重,给教育决策部门提供科学的决策参考依据。③

(2)DEA

由著名的运筹学家 Charnes 首先提出了一个被称为数据包络分析(Data Envelopment Analysis,简称 DEA)的方法,去评价部门间的相对有效性(因此被称为 DEA 有效)。他们的第一个模型被命名为 CCR 模型,从生产函数角度看,这一模型是用来研究具有多个输入,特别是具有多个输出的"生产部门",同时为"规模有效"与"技术有效"的十分理想且卓有成效的方法。

傅毓维以普通高等学校为研究对象,所选取的各项统计数据均为我国

---

① Abraharn Flexner:《现代大学论——美英德大学研究》,浙江教育出版社 2001 年版。
② 张盛仁:《浅论教育资源配置的理论基础》,《教育与经济》2008 年第 3 期。
③ 向定峰、蒲勇健:《基于 AHP 的城乡教育资源优化配置》,《跨世纪》2008 年第 8 期。

普通高等学校的统计数据,不包括成人高等学校。运用基于 DEA 的区域高等教育资源配置评价模型,对我国高等教育资源近十年来的配置状况进行纵向的分析评价。[①]

谢劲运用 DEA 理论对安徽市县党校教育资源配置效率问题进行研究,充分地揭示出影响资源配置效率的原因,并提出优化方向及对策,为促进安徽市县党校建设和发展提供参考。[②] 该文选取了四种资源作为党校教育资源配置的投入指标,即:

1)各党校当年固定资产总值(S_1);

2)各党校当年获得的财政拨款额(S_2);

3)各党校当年的在职教职工人数(S_3);

4)各党校当年的副高职称以上专职教研人数和中级职称人数(S_4)。

构建的产出指标分别是:

1)各党校当年主体班培训人数(S_1);

2)各党校当年社会办学培训人数(S_2);

3)各党校当年发表的科研成果数(S_3)。

通过这三项来概括体现党校教育的产出效益。

刘昊昕根据河北省高校资源历年来的统计数据,建立指标体系,进行数据处理,利用 DEA 模型计算,对河北省自 1995 年至 2006 年的高校资源利用率进行分析,得出河北省教育资源配置效率有所改善,师资力量整体水平有所提升,但其中固定资产等指标仍存在浪费,而教育经费仍显不足,所以

---

① 傅毓维、郑佳:《基于 DEA 的高等教育资源配置的评价模型研究》,《黑龙江教育》2005 年第 3 期。

② 谢劲:《基于 DEA 理论的安徽市县党校教育资源配置效率研究》,《理论建设》2006 年第 6 期。

我们需要加强这两方面的资源调配。输入、输出指标如表 5-7 所示。①

表 5-7　河北省高校教育资源指标体系

输入指标（X）	人力资源（教职工）	正高级
		副高级
		其他（中级无职称等）
	财力资源（经费）	教育经费
	物力资源（硬件设施）	教育设备
		校园建筑
		图书总数
输出指标（Y）	教育成果（在校学生）	本科生和专科生
		研究生
		博士生
	科技活动筹集经费数	科技活动经费数
	科技产出	研发课题数
		科技服务课题数

傅毓维按照评价对象群体公认的合理的资源配置结构标准，对评价指标权重加以约束，利用带偏好锥的 DEA 模型评价了我国 31 个省市区高等教育资源配置结构效益，系统分析了现阶段我国各省市区高等教育资源配置结构方面的薄弱环节。这对于优化区域高等教育资源配置结构、提升区域高等教育竞争力具有重要的实践价值。②

---

① 刘昊昕、郑昱君：《基于 DEA 模型的河北省高等教育资源配置效率研究》，《现代经济》2009 年第 2 期。

② 傅毓维、邵争艳：《基于偏好 DEA 模型的区域高等教育资源配置结构效益评价》，《价值工程》2006 年第 6 期。

（3）熵值法

马丹运用熵值法客观赋权,构建了我国高等教育资源配置效益评价指标体系,并以湖北地区高校为典型案例,定量评价了 1998—2004 年湖北地区高等教育资源配置效益。评价结果对于优化高等教育资源配置结构具有重要的实践价值;同时,结果也表明熵值法是科学有效的。①

（4）公共选择理论

20 世纪 50 年代,詹姆斯·布坎南创立公共选择理论。该理论在 60 年代逐渐成型,70 年代发展壮大至今,公共选择学派如今已成为一个重要的经济学流派,布坎南也因其在公共选择理论建设中的贡献荣获 1986 年诺贝尔经济学奖。公共选择理论不仅是当代西方经济学的一个分支,也是现代政治学、行政学研究的重要领域,其代表人物有邓肯·布莱克、詹姆斯·布坎南和肯尼斯·阿罗。公共选择理论研究的就是由不同的个人组成的集体（或一个群体、一个委员会、一个政府机构、一个国家、一个社会）如何进行选择,做出集体决策,因此我们可以借助公共选择理论来研究高等教育资源配置。

孙丽从公共选择理论的角度来考察高等教育资源配置,康宁的描述为:高等教育资源配置的实质是指一组与分享高等教育资源有关利益主体的相互关系的规则。②

高等教育资源配置包括宏观和微观两个层次,配置过程为宏观层次的初次分配和微观层次的再分配:宏观层次是指如何将总体教育资源分配到不同的地区或学校——主要通过高等教育管理体制的改革、高校数量和布

---

① 马丹:《熵值法在高等教育资源配置效益评价中的应用》,《煤炭高等教育》2008 年第 9 期。

② 孙丽:《教育资源配置的公平与效率分析》,《芜湖职业技术学院学报》2004 年第 6 期。

局的调整、高等教育市场的调控、教育投资渠道的拓宽等手段来进行；微观
层次是指在给定高等教育资源的条件下，一个地区或高校如何组织并利用
这些资源扩大招生规模、调整学科结构、提高管理效能、更新教育内容、提高
设备利用率等。这种关系从决策优化角度看是以一个双层规划或者是一个
Stackelberg 博弈过程。

从宏观层面看，高等教育资源配置是一项公共抉择，政府、社会和高校
三者相互制约，形成了高等教育资源配置主体系统。① 各个环节之间以及
各个环节内部之间是紧密联系、相互影响的统一体，任何一方的选择都可能
影响到教育资源配置方式的变化，仅仅某一个组织或个人是不能做出最终
抉择的，高等教育资源的配置与优化实质上是一个群体决策（选择）的过
程。从公共选择理论来看，政府官员的基本行为动机是追求个人利益最大
化，权力、地位、威望等是其效用函数中的变量。由于高等教育需要连续不
断追加投资，而且培养周期长、效益滞后，不仅可能会使官员在自己的任期
内无法看到效益，反而会因为高等教育投资占用一定的资金而影响其他领
域的发展，从而影响自己的政绩，因此任何一届政府官员本能地都不希望在
自己有限的任期内为教育投入太多资金。由此可见，各级政府实际上都缺
乏投资教育的内在热情和动力，只要社会舆论的压力稍有减轻，对高等教育
资源的投入就会立即缩减。高校作为相对独立的利益集团，他们之间的分
利竞争导致高等教育资源的结构性短缺，即高等教育资源在各个高校之间
分配的比例不合理。著名高校的代言人一般都是社会中的高级精英，而且
成员数量多、影响力大，他们掌握教育的话语霸权，甚至直接参与教育决策，
而普通高校的代言人势单力薄，在决策中的话语权和影响力都很有限。在

① 孙丽：《教育资源配置的公平与效率分析》，《芜湖职业技术学院学报》2004 年第 6 期。

高等教育资源短缺的情况下,强势集团总是可以占有充裕的资金,弱势集团则处于最不利的境地。社会各个利益集团、个人有的和高校竞争资源,有的和高校互相合作,这些会影响教育资源的分配。

贾勇宏认为,在公共选择理论下与公众有关的集体选择中并不存在各种特殊利益之间的"缔约"过程,而是各个利益主体"博弈"的结果。[①]

三、教育资源配置的公平维度

教育公平是社会公平的起点,是构建和谐社会的基石,也是义务教育的本质要求。当前我国基本普及了九年义务教育,但教育不公平仍是当前比较突出的问题,该问题最突出地体现在教育资源的配置上。义务教育是政府提供的服务全民的一种公共产品,政府在对其资源和权利进行分配时必须符合公共性的要求,必须遵循公平原则,即缩小城乡、区域及校际间的教育差距,促进义务教育均衡发展,以保障每一个儿童都能够享有平等地接受义务教育的机会与权利。

Henry 指出,教育制度能补偿父母财富、收入、教育、政治力量社会关系、文化等差异,使这些因素不会影响成年子女在财富、收入、教育、政治力量和社会关系等方面的机会。[②]

美国社会学家布劳和邓肯通过对美国 20 世纪 60 年代社会地位获得进行研究,测出地位获得路径系数,美国社会对个人职业影响最大的是本人教

---

① 贾勇宏:《我国公共教育投资短缺的公共选择理论分析》,《当代教育科学》2005 年第 12 期。

② Henry M. Levin:《高科技、效益、筹资与改革:教育决策与管理中的重大问题》,人民日报出版社 1995 年版。

育,路径系数为 0.394,其次是初职 0.281。父亲的职业的影响是 0.279。由此提出,为公民提供一个公平的教育机会,有利于政府的目标——社会公平。李强等人借助布劳——邓肯模型于 1996 年对我国出生于 1961 年和1976 年间的同龄群体社会地位获得进行分析,得出本人教育对本人初职的影响系数为 0.551,初职对现职的影响达 0.578。父亲教育与父亲职业对本人现职与初职影响极小。这说明我国个人职业或社会地位的获得主要靠教育,因此为公民提供一个公平的教育机会尤为重要。[①] 该文还指出我国教育存在的问题为:学校没有自主权;缺乏充分竞争;资金使用效率低下。提出我国教育改革的建议:转变政府职能,建设公共财政,同时进行配套改革;打破政府垄断,引入竞争机制,提高教育资源配置的效率。

国际上一般公认教育资源配置是否公平合理的原则是:(1)资源分配均等的原则,主要保证同一学区、税区内所有学校和学生实施基础教育财政公平;(2)财政中立原则,即每个学生的公共教育经费开支的差异不能与本学区的富裕程度相关;(3)调整特殊需要的原则,即对弱势群体(比如偏远地区的学生,贫困学生,身心发展有障碍的学生等)给予更多的关注和财政拨款;(4)成本分担和成本补偿的原则,即在非义务教育阶段对学生收取一定的教育费用,并对部分学生采取"推迟付费"的办法;(5)公共资源从富裕流向贫困的原则,这是现阶段各国学者判断教育资源分配是否公平的最终标准。[②]

高丽指出根据边际效用理论和边际效用规律,义务教育阶段教育资源配置的有效性标准是平等,而且关注的重点是结果的平等。[③] 对我国

---

① 孙丽:《教育资源配置的公平与效率分析》,《芜湖职业技术学院学报》2004 年第 6 期。

② 翁文艳:《教育公平与学校选择制度》,北京师范大学出版社 2003 年版。

③ 高丽:《论公共教育资源配置的合理性和有效性标准》,《生产力研究》2008 年第 23 期。

教育资源分配是否公平要从义务教育和非义务教育两个方面分析。在义务教育阶段"不平等就意味着浪费":在考虑对某个学校进行资金投入时,首先应当考虑对该学校的投入能否产生更多的效用,即是否有利于该学校培养更多更好合格公民——重视其边际效用,对某个学校进一步投入产生的边际效用会低于前面投入时产生的边际效用,因此,在对任何一个学校投入时,都要及时地将其边际效用与其他学校的边际效用进行比较,并适时地将投入转向边际效用大的学校,以提高投入效益。义务教育阶段应该不存在重点与非重点等的优先级别,根据边际效用均衡时总效用最大的规律,应当是先"雪中送炭",再"锦上添花",直到同等教育资源对二者所产生的边际效用相等时,才能使总效用值达到最大。对于非义务教育经费的投入应当处理好重点和一般的关系:即国家对公共教育资源的配置应当关注对整个国家发展至关重要的、急需解决的问题,急需的人才,因为在这些方面的投入对国家来说边际效用大,效益高;当国家财力比较充足时,国家的教育经费分配使各个学校的边际效用相等;当教育经费不足时,则应当主要采用保证重点兼顾一般的原则;对于高等教育的扩招,边际效用理论也能给予合理的解释,即在一定投入下,办学规模的扩大会提高原有投入的效用、边际效用和总效用,有利于提高投入效益。

赵媛指出,江苏省教育发展水平较高,教育资源也较丰富,但全省教育资源分布的不均衡依然存在,其中一个重要的问题在于学校布局的不合理。2001年江苏省全面启动了学校布局调整工作,要求普通初中校均施教服务人口达3万人,普通高中校均施教服务人口达10万人,全省有三分之一的区县没有达到要求。她从江苏省未来人口变化对学校布局的影响入手,研究了江苏省基础教育阶段学校布局调整的必要性,提出了学校布局优化的基本原则:公平优先,兼顾效率原则;相互促进,整体统筹原则;超前预测,持续发展原则。并以南通为例初步探索了布局调整的方案,提出了教育资源优化配置的发展策略:建立科学统一的办学标准;实现师资数量和素质的相对均衡;调整学校布局以扶持薄弱学校。①

薛颖通过对基础教育资源配置的现状分析了解到,人力资源、财力资源、物力资源的利用率仍然较低。② 人力资源配置现状中教职工、专任教师数量与在校学生数量之比偏低,教育成本偏高;专任教师与后勤教学人员数量之比较其他国家偏低,教育效益低下;不同地区之间教师配置差异较大,教育发展不平衡。物力资源配置现状:我国小学和初中的生均校舍面积偏小,中小学的危房面积较大,特别是西部的农村地区危房还大量存在③,生均固定资产总值比较低,生均图书特别是小学生图书量较少,学校教育体系与社会教育体系、正规教育体系与非正规教育体系之间自我封闭现象普遍存在,以至于教育资源共享程度较低。实现基础教育资源的优化配置通过如下方式:提高人力资源利用率,确定合理的师生比例;优化教育经费的使用结构,加强教育经费的管理;加大对物力资源的投入,提高物力资源的利用率。

财力资源配置现状中教育法律、法规贯彻乏力,教育经费不能得到保障;教育经费负担的比重不公平,城镇的教育经费主要由政府负担,乡村的教育经费主要由农民负担;教育经费分配结构不合理,表5-8显示三级普通教育生均教育经费支出及之比。

---

① 赵媛、诸嘉:《基于教育公平的教育资源优化配置研究》,《教育与职业》2008年第6期。

② 薛颖等:《论基础教育资源的优化配置》,《上海师范大学学报》(基础教育版)2007年第7期。

③ 冯文全、夏茂林:《当前农村教育资源的使用效率问题及解决的基本思路》,《兰州学刊》2006年第1期。

表 5-8　三级普通教育生均教育经费支出及之比

年份	小学生均经费（元）	中学生均经费（元）	大学生均经费（元）	三级教育生均经费之比
2000	652.22	1016.32	9551.98	1：1.56：14.65
2001	815.84	1164.86	8799.89	1：1.43：10.79
2002	957.24	1280.58	8325.73	1：1.34：8.70
2003	1084.78	1387.48	7582.34	1：1.28：6.99

资料来源：薛颖根据 2001 年、2002 年、2003 年、2004 年全国教育事业发展统计公报的数据统计整理得来。① http://www.moe.edu.cn/edoas/websitel8/lev'el2.jsp? tablename=708。

段晓芳在对义务教育资源配置现状分析的基础上，从统一配置机制的建立、政策倾斜、监管督导等方面提出合理配置教育资源、促进义务教育公平发展的思路。② 认为我国教育不公平体现在：

1）师资配备方面：从数量上看，教师资源的城乡分布极不均衡，中西部、偏远农村地区的教师缺编严重；从质量上看，优质教师资源分布极不均衡，义务教育学校中级及以上职务教师的比例，城乡间、地区间差距较大；从稳定性上看，农村教师工作变动频繁，稳定性较差。

2）在生均教育经费方面：在生均拨款水平上，地区之间差异较大，尤其是中、西部地区偏低，且呈现出与东部地区差距有进一步拉大的趋势；我国教育投入不仅在东部与中西部地区之间差异十分明显，而且省与省之间、城乡之间生均财政教育投入的差距也很大。

3）物质配备方面：生均仪器设备配备方面，有些省的义务教育生均教学仪器设备值过低，城乡间、地区间差距过大；生均图书配备方面存在差距

---

① 薛颖等：《论基础教育资源的优化配置》，《上海师范大学学报》（基础教育版）2007 年第 7 期。

② 段晓芳、慕彦瑾：《教育公平视域下的义务教育资源配置》，《教育测量与评价》2009 年第 5 期。

2 倍之多；生均学校固定资产值方面；生均计算机配备方面以普通初中为例，2006 年城镇普通初中生均计算机台数最多的上海市（生均计算机配备为 0.19 台），是生均计算机配备最少的西藏自治区（生均计算机配备为 0.021 台）的 9.05 倍；农村初中生均计算机台数最多的北京市（生均计算机配备为 0.215 台），是生均计算机配备最少的西藏自治区（生均计算机配备为 0.017 台）的 12.65 倍（国家统计局，2006）。

雷水凤分析了教育资源配置不合理表现在资金资源不合理（教育经费投入不合理、生均公用经费分配不合理）、教师资源不合理。提出了资源配置应体现"公平而差异"原则：资源配置应体现平等性、资源配置应体现"差异"性、资源配置应体现补偿性。给出教育资源配置公平化的政策措施：完善教育经费分配体系，确保经费投入；优化教育体制结构，促进教育资源配置优化；探索新的教育资源分配方式，推广"教育券"制度。[1]

段晓芳提出促进教育公平、合理配置教育资源的建议：建立公共教育资源的统一配置机制；在继续和全面加大对西部地区扶持力度的同时，坚持教育资源向西部薄弱地区倾斜；各地要积极探索缩小义务教育东西部之间、省域之间差距的新路子；建立城乡教师双向流动机制；建立推进义务教育均衡发展的督导制度。[2]

赵枫岳指出我国要以新农村建设为契机，实现布局合理、功能完善、结构优化、设施完备、管理规范和师资力量明显增强的农村教育发展目标。主要的办法和思路是：①按照教育规律和合理、方便与可行的要求实现农村教育的合理布局；②根据满足需要。体现个性和增强适应性的原则，实行城乡

---

① 雷水凤：《论基础教育资源配置与教育政策的公平性保障》，《中国行政管理》2008 年第 9 期。

② 段晓芳等：《教育公平视域下的义务教育资源配置》，《教育测量与评价》2009 年第 5 期。

一体的教学规范和基本管理制度；③按照教育城乡均衡发展的要求，实行教师一体的工资福利制度和逐步实现教学岗位的均衡安排，加大财政转移支持力度实现城乡教学配套设施的一体化；④淡化行政辖区意识，按需要设立农村教育管理机构；⑤可以先从改善教学条件，优化教育教学布局、完善教育教学功能和设施、改善师资和规范教育教学管理制度入手，然后再逐步实施并相机全面推开素质教育；⑥当务之急是在住房、生活和待遇等方面为城市到农村支教的教师提供完善的支持保障体系；⑦多渠道发展农村的职业和成人教育。①

四、大型水利工程移民学校布局原则

移民中的教育布局问题是非常重要的，关系到移民工作的"搬得出、稳得住、能致富"三个阶段。在"搬得出"阶段，如果移民对于政府安置的移民点的学校不满意，会担心移到该地后其子弟和自己本身能否受到不低于现在的教育条件。一旦出现这种担心，肯定会对他们不安的心理产生更大的波动，从而降低他们搬迁的意愿。如果移民的学校布局不合理，可能会出现所建学校后来由于规模、质量的问题被撤掉，合并到其他学校，使得当初的学校建设被白白浪费；也可能出现当该移民学校将附近的学生吸引过来，导致初建学校规模过小，限制了学校的发展。导致移民意见增多，从而影响移民的"稳得住"。这种情况也影响成人的教育，对"能致富"产生冲击。

移民中学校布局规划的实质是在原住民的教育系统中再加入一部分新

---

① 赵枫岳等:《我国新农村建设中的教育布局与发展问题》,《河南工业大学学报》(社会科学版)2008 年第 3 期。

的移民子教育系统。如图 5.1 和图 5.2 所示,两个系统可以是独立的,也可以是相互交融的。一般说来,原住民小学教育、农民职业教育和移民小学教育、农民职业教育做到相对独立也可以互相交融;但是初中、高中、高等教育等需要相互融合。所以,在大型水库移民工作中,小学教育、农民职业教育要合理地做出决策——要独立建校还是和当地融合是十分重要的。

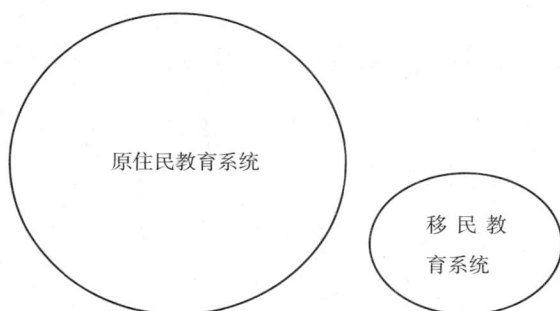

图 5-1　相对对立的系统

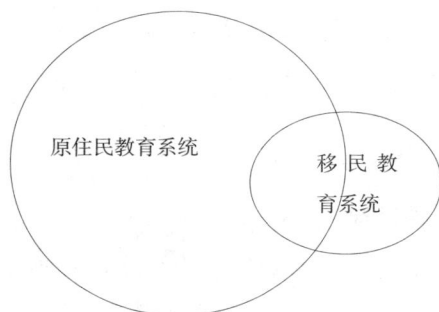

图 5-2　交融的系统

以河南为例,当年小浪底移民时,在某移民点有六个移民村,当年每个村都建立了小学,后来这几个村的小学都集中到了一个村,其他村的小学被废弃。被集中村的小学还吸引了临近原住民村的小学生,但是该村小学的主要问题是当时校舍建设规模过小,现在教室非常拥挤,而且邻村来的孩子很少缴纳费用,主要靠村长间关系来筹集资金,补贴教育,本村每年都面临巨大的教育补贴压力。

由此可见,在大型水利工程移民中,农村的基础教育资源需要科学的规划,避免浪费和短缺同时存在的现象。

移民学校布局规划,不仅对移民非常重要,对于原住民也非常重要——可以在每个移民点建一个小学独立办学、可以几个移民点合建一个小学、可以将移民子弟放入原住民小学,也可以将原住民子弟放入移民小学。具体形式如下所示:

1. 在移民点独立、完整建校

这种情况下原住民和移民的基础教育系统互不干涉,一般适合于一个较大的移民村或者几个移民村组成的移民网点。当地教育资源可以调整,也可以不调整,两个系统不需要交互。

2. 移民点独立、部分建校

在移民点建立部分的基础教育系统(比如小学、小学前三年级等),其余部分依赖于当地的基础教育系统。这时要考虑当地教育资源的调整、扩张,用以接纳新来的移民子弟。

3. 原住民整合到移民点

在移民点建立基础教育系统,并将附近村庄的原住民子女安排到这里学习。该模式适合于原住民要整合其基础教育资源,而且整合到新的移民点比较合适——该移民点具有地理优势,离各个被整合的村庄都不太远,是最佳选址位置;或者具有后发优势,其他村庄的基础教育系统改造成本过高。

4. 移民点整合到原住民

移民村不建教育系统,移民村的学龄儿童到附近的村庄或城镇集中上学。该模式适合于当地附近已有优质的中、小学,并且有能力吸纳这些移民的小孩入学;新来的移民村学龄儿童较少,如果单独建校会造成规模小、教师少、教学质量不高、人均运营成本过高等情况。

针对以上集中基础移民教育资源规划类型,大型水利工程移民中农村的基础教育资源规划应尽量遵循如下原则:

(1)尽量整合各个移民点当地附近的教育资源

如果当地有很好的中小学,将移民村的学龄儿童整合到这些学校中可以发挥他们的资源优势,同时也有利于移民村儿童接受更好的教育。

(2)考虑我国农村基础教育发展的趋势,尽量少建小学

按照前面的论述,我国正经历着农村中小学布局的调整,很多学校被关停、学校数量锐减。如果每个移民村都建基础教育系统,将会预见到很快这些学校会被荒废、造成不必要的浪费。

(3)对于不建立小学的移民村要给予适当的补偿和奖励,并规划好教育资源整合

五、大型水利工程农村移民小学学校布局模型

近年来随着经济和科技的发展,世界上很多国家和地区陆续兴建了很多大型的工程,如水利工程、城市建设、高速公路、铁路、机场、港口、工业园区等。新中国成立以来也兴建了大量的工程,产生了很多移民,由此也产生了大量的社会问题。其中大型水利工程移民具有移民数量巨大、牵涉范围广泛等自身鲜明的特点,而且很多移民自身素质较低、适应新环境能力差、安置难度大等,引起社会关系调整最复杂、遗留问题最突出。在 1986 年以

前修建的水库的移民,在生产和生活上不同程度地存在一些遗留问题。仅中央直属的 87 座水库水电站的 510 万移民中,到 1999 年年底还有 160 万人仍处于贫困线以下,占移民总数 31% 还多。[①]

大型水利工程移民是经济资源重新整合、社会结构局部性变迁与发展、社会关系重构的过程。[②] 移民的生产、生活、心理以及长期形成的传统文化、宗教信仰和风俗习惯都受到巨大的冲击;在住房、食物、饮水、交通、教育、文化、医疗卫生、创业和就业等方面遇到许多新问题,移民的社会关系、经济条件等都发生巨变。要让移民顺利完成这些转变除了移民点房屋建设、土地配置、政策配套之外,教育资源的规划也非常重要。随着我国的快速发展,近年来修建的三峡工程、南水北调工程等特大工程产生的移民数量更加巨大、带来的影响更加广泛、随着物权法等的实施导致的移民工作更加复杂。我国对移民工作要求"迁得出、稳得住、能致富",移民教育安置是移民工作的一个重点,在这三个环节中都起到重要作用。

通过整理研究现状发现,对于移民教育还缺少系统性的思考,本文主要研究移民中农村基础教育资源规划问题,指出了移民教育资源规划的分类、规划的原则,有利于政府做好移民以及移民教育工作,同时给出了定量化的移民学校布局决策方法,有利于决策的精细化。

(一)移民教育现状

陈亮对重庆三峡库区学生、教师、家长进行了抽样调查,结果表明,重庆三峡库区农村移民教育在教育的普及性、环境的适应性以及发展的可持续

---

① 参见唐传利:《中国水库移民政策与实践》,河海大学出版社 2002 年版。
② 廖蒋:《当前我国水库移民的社会冲突与整合研究》,《农村经济》2001 年第 4 期。

性方面均存在隐患问题,这些隐患问题严重制约着库区农村移民教育的发展。①

当前对移民教育的研究主要集中在职业教育方面,作为移民后期扶持的一项重要措施。马江指出,重庆市万州区从提高移民的自身素质和职业能力出发,加强"三教"统筹,发挥城市教育资源的优势,完善农村移民职业教育培训体系,加大对农村移民劳动力转移培训的扶持力度,通过各种形式的培训,促进农村移民的城市化转变。② 黄奇帆指出,重庆三峡库区淹没区现有总人口 1435 万人,其中移民人口 89.23 万人。现有中等职业学校 99 所,在校学生 9.8 万人。2002—2005 库区职业教育培养了 20 多万名技能型紧缺人才,库区移民培训 20 余万人,农村劳动力转移培训 17.8 万人,企业下岗职工再就业培训 20 万人,农村实用技术培训 500 多万人,推动了三峡移民安稳致富和库区经济社会发展。③

(二)农村基础教育资源变化趋势

我国农村正经历深刻而广泛的变化,很多有几十个村庄、几万人口的乡镇将原来的几十所小学合并为几个甚至一个小学,将几个初中合并为一个初中,甚至乡镇撤销中学,都到县城上初中。教育部陈小娅副部长指出:义务教育要做好统筹协调,规划布局。④

---

① 陈亮等:《重庆三峡库区农村移民教育隐患问题研究》,《西南师范大学学报》2005 年第 5 期。
② 马江等:《农村移民职业教育培训与万州区实施城市化战略的思考》,《重庆三峡学院学报》2005 年第 2 期。
③ 黄奇帆:《大力发展职业教育服务百万库区移民》,《中国职业技术教育》2005 年第 35 期。
④ 陈巍:《义务教育要做好统筹协调,规划布局——教育部、财政部专题调研青海省义务教育工作》,《青海教育》2008 年第 18 期。

黄治中指出,1997 年韶关市万人在校生数量、每校班级数量、师生比等指标在广东省倒数第二,在仪器设备、办学规模的 17 项指标也低于全省平均水平。从 1998 年起,该市实行中小学学校布局。①

柳海民的研究显示我国农村的中小学正经历着总体生源减少、学校数量减少的变化——农村中小学教育资源布局调整是一个不可忽略的问题。在此背景下,我国农村正经历着基础教育资源布局的调整——对很多中小学进行合并、缩小、关停。②

张浩通过对河南省西峡县农村中小学校进行的专题调查,认为强力推进农村中小学校布局调整,是提高和巩固农村义务教育成果的必要手段。③

陈明建对重庆市开县大德乡坚持"适当撤并,扩大规模;合理布局,优化配置;改善条件,确保入学;提高质量,群众满意"的原则,综合考虑需求与调整、数量与质量、当前与长远的关系,努力优化教育资源配置,大力实施中小学布局调整工作的情况作了案例分析。2005 年,该乡共有中小学 29 所,其中不到 100 人的学校有 10 所,教育教学设施分散,致使部分学校"超编却缺人",一名教师承担四五门学科的教学任务的现象并不少见,素质教育实施困难。为解决以上问题,2006 — 2008 年,大德乡全面实施了中小学校点布局调整。到 2008 年秋季,全乡初中由 2005 年的 1 所单设初中、1 个附设初中减少为 1 所单设初中;小学由 2 所中心校、20 所村校调整为 2 所中

---

① 黄治中等:《基础教育的新跨越——韶关市中小学布局调整一瞥》,《广东教育》(综合版)2001 年第 8 期。

② 柳海民等:《布局调整:全面提高农村基础教育质量的有效路径》,《东北师大学报》(哲学社会科学版)2008 年第 1 期。

③ 张浩:《农村中小学校布局调整亟待破题——来自河南省西峡县农村教育的实地调研》,《中国财经信息资料》2009 年第 12 期。

心校、10 所村校,共减少中小学校点 11 个。①

近年来,我国农村学校布局调整撤并了一批生源不足、办学条件较差的中小学校,使更多的孩子能享受到学校优质教育资源,以促进农村区域内义务教育的均衡发展。

(三)当前移民教育资源规划的主要问题

对于大型水利工程建设,国家注重和谐移民,在移民点建设时尽量满足移民的要求,体现在教育方面就是基本上每个移民村都设立小学。但是作者通过调查发现,几年后很多移民村的小学、初中都撤销了,孩子到附近的原住民村或者移民点上学。当年投入大量资金建设校舍、采购设备被废弃或者移做他用,造成了不必要的浪费。

(四)大型水利工程移民基础教育资源在农村的资源规划原则

大型水利工程移民中,农村的基础教育资源规划有很多类型,下面对这些类型做了分类。

(1)在移民点独立、完整建校

这种情况下,原住民和移民的基础教育系统互不干涉,一般适合于一个较大的移民村或者几个移民村组成的移民网点。当地教育资源可以调整,也可以不调整,两个系统不需要交互。

① 陈明建等:《积极实施校点布局调整　推进义务教育整体健康发展——来自重庆市开县大德乡校点布局调整的调研报告》,《基础教育改革动态》2009 年第 10 期。

（2）移民点独立、部分建校

在移民点建立部分的基础教育系统（比如小学、小学前三年级等），其余部分依赖于当地的基础教育系统。这时要考虑当地教育资源的调整、扩张，用以接纳新来的移民子弟。

（3）原住民点整合到移民点

在移民点建立基础教育系统，并将附近村庄的原住民子女安排到这里学习。该模式适合于原住民点要整合其基础教育资源，而且整合到新的移民点比较合适——该移民点具有地理优势，离各个被整合的村庄都不太远，是最佳选址位置；或者具有后发优势，其他村庄的基础教育系统改造成本过高。

（4）移民点整合到原住民点

移民村不建教育系统，移民村的学龄儿童到附近的村庄或城镇集中上学。该模式适合于当地附近已有优质的中、小学，并且有能力吸纳这些移民的小孩入学；新来的移民村学龄儿童较少，如果单独建校会造成规模小、教师少、教学质量不高、人均运营成本过高等情况。

针对以上集中移民基础教育资源规划类型，大型水利工程移民中农村的基础教育资源规划应尽量遵循如下原则：

（1）尽量整合各个移民点附近当地的教育资源

如果当地有很好的中小学，将移民村的学龄儿童整合到这些学校中可以发挥他们的资源优势，同时也有利于移民村儿童接受更好的教育。

（2）考虑我国农村基础教育发展的趋势，尽量减少新建小学

按照前面的论述，我国正经历着农村中小学布局的调整，很多学校被关停、学校数量锐减。如果每个移民村都新建基础教育系统，可以预见这些学

校很快会被荒废,造成不必要的浪费。

（3）移民点选择时尽量使各个移民点分散、规模小,这样便于将这些移民村的学龄儿童整合到当地优质中小学中

（4）对于不建立小学的移民村要给予适当的补偿和奖励,并规划好教育资源整合

根据调查的情况得知,现在很多移民工作者也意识到这个问题,但是移民往往坚持要在移民村建立小学,主要原因是:一方面觉得孩子到了陌生的地方后比较陌生,很难接受让他们的孩子到邻村上学的事实;担心不建小学可能就失去了这个小学所占的土地;担心不建小学,相应的钱款他们也得不到;担心本村的教师下岗失业。所以对于不建立小学的移民村必须有很好的补偿和激励机制,解除这些担心。

（5）以移民为契机,促进当地基础教育资源的优化

如果移民点附近农村中小学校面临布局调整、缩小、关停等情况,新建移民点相对较大时,移民点附近的村庄可以借新建移民村的机会,整合老的村庄和新的移民村教育资源。可以将这些村的学龄儿童整合到新建的移民村中,在移民村建一个新的、满足整合需求的学校,进行教育资源优化、集约办学。

（6）要考虑民族、文化差异

对于少数民族,由于民族教育的特殊需要,很难融入当地的教育系统中,这就有必要对他们集中安置、集中设立基础教育资源。

（五）移民学校布局决策模型

一般而言,教育资源配置要考虑四方面要素:基础教育配置、课程设置、

学校选址布局、学生教育需求。①②

教育资源布局主要考虑两个问题：一是便于学生入学，二是有利于提高教育投资的效益。这二者存在着矛盾：从学生入学的方便考虑，学校越分散越好；从提高投资效益看，学校应具有一定的规模。这就涉及二者兼顾的问题，即在不导致学生失学的前提下尽可能提高教育投资的效益。③

由于城镇移民的教育主要牵涉到将适龄学生转入当地学校，所以相对简单。如同上节所述，农村移民小学学校面临很多选择——独立建校、独立部分建校、合并到当地学校、将当地学生合并到移民学校等，决策条件复杂、结果多样，适合用定量决策研究。

好的决策不仅仅要把握方针、政策等进行分析和决策的定性方法，还要掌握定量的决策方法，得出符合各种要求的相对更精确的方案，建模和计算是符合此要求的最佳途径。本节将针对农村移民小学学校布局问题展开定量研究，给出模型和算例。

假设原住民区域正在调整学校布局，计划减少若干学校，这时正好可以和新移民村统一进行教育布局调整。合并原则是：

1）学生到学校的距离不能太远。

2）优先存留教育质量较好的学校。

3）新建校优先考虑在移民村建校。

4）控制学校规模，不能使得某个学校招生特别多，导致其他学校生源不足。

① Ross KN，Levacic R. Needs-Based Resource Allocation in Education via Formula Funding of Schools. International Institute for Educational Planning，UNESCO，Paris，1999.

② Selod H，Zenou Y. Location and Education in South African Cities under and after Apartheid. Journal of Urban Economics，2001，49：168–198.

③ 赵媛、诸嘉：《基于教育公平的教育资源优化配置研究》，《教育与职业》2008 年第 6 期。

考虑到学校布局选址的政策性体现较全,在该地总共要存留多少学校一般都事先综合考虑多种因素均衡后确定,最后需要的是科学的考虑将这些学校布局在合适的位置,体现各种要求的均衡。

学校数量的确定是非常关键的一步,应该综合考虑当地教师的数量、可以在教育上投入的财力、学生上学允许的最远距离等做出决定。

本文研究的模型增加了一个学校数量的约束,体现了决策者的这种事先已经初步做好的决策。

模型

假设现在有 m 个移民村,附近有 n 个原住民村,村子 i 的坐标用(x_i, y_i),移民村与原住民村分别以 $i=1,2\cdots,m,m+1,m+2\cdots,m+n$ 表示。

以 $b_{1i}=1$ 或 0 表示第 $m+i$ 个村庄原来是否有学校,设现有小学 p 个;b_{2i} 表示这个学校的教育状况,如果学校教育质量好,则取值 1,否则为 0。

设 q_0 为调整后保留学校的数量。

设 q_1 为调整后每个学校最多的招生的数量。

c_0 表示在移民村建新校的固定成本。可以设成相对较低的值——考虑到对移民村新建学校的倾斜,可以申请专门补贴,使得该值降低,减少当地的财政负担。

c_1 表示在原住民村庄学校基础上改扩建的固定成本。

c_2 表示学校每增加 1 个学生的固定成本。

d 表示学生到学校的最远距离限制。

e_i 表示各村计划期间平均每年上学的学生数量。

决策变量

u_i 表示是否在村庄 i 保有或新建学校,1 表示保有或新建学校、0 表示无学校。

$V = \{(i,j) |, i = 1, 2 \cdots, m+n; j = 1, 2 \cdots, m+n\}$ 表示第 i 个村子是否收纳第 j 个村庄的孩子。

$$\min z = \sum_{i=1}^{m} \left(u_i c_0 + c_2 \sum_{j=1}^{m+n} v_{ij} e_j \right) + \sum_{i=m+1}^{m+n} \left(u_i c_1 + c_2 \sum_{j=1}^{m+n} v_{ij} e_j \right) st$$

$$v_{ij} \left(|x_i - x_j| + |y_i - y_j| \right) \leqslant d \tag{1}$$

$$u_i = \mathrm{sgn}\left(\sum_{j=1}^{m+n} v_{ij} \right) \qquad i = 1, 2, \cdots, m+n \tag{2}$$

$$\sum_{i=1}^{m+n} v_{ij} = 1 \qquad j = 1, 2, \cdots, m+n \tag{3}$$

$$b_{2i} - u_i \geqslant 0 \qquad i = m+1, m+2, \cdots, m+n \tag{4}$$

$$v_{ii} \geqslant u_i \qquad i = 1, 2, \cdots, m+n \tag{5}$$

$$\sum_{i=1}^{m+n} \sum_{j=1}^{m+n} u_i = q_0 \tag{6}$$

$$\sum_{j=1}^{m+n} v_{ij} e_i \leqslant q_1 \qquad i = 1, 2, \cdots, m+n \tag{7}$$

$$v_{ij} = \{0,1\} \tag{8}$$

目标要求考虑成本最低并且学生上学最远距离尽量小。约束 1 说明上学距离不能太远。约束 2 说明只要调整后有去该村上学的学生,该村就存有学校。约束 3 说明每个村的学生只能选择去一个学校上学。约束 4 说明教学质量不优秀的原住民村庄不能保有学校。约束 5 说明只要调整后该村有学校,该村的学生就只能到本村学校上学。约束 6 说明最后只存留 q_0 个学校。约束 7 说明学校招生数量不能超过 q_1 个。

六、南水北调中线沿岸典型村镇实证分析

以河南省郑州市荥阳市崔庙镇为例。崔庙镇隶属荥阳市,镇政府设在

崔庙自然村,辖崔庙、盆窑、项沟、索坡、竹园、翟沟、石井、车厂、石坡、老庄、王宗店、白赵、王泉、栗树沟、芦庄、界沟、郑岗、郑庄、寺沟、邵寨、马寨、丁沟共 22 个行政村,282 个村民组,265 个自然村。全镇共有 12941 户,49998 人,其中非农人口 3767 人。少数民族主要为回族,另外还有壮、白、土家等民族,约占总人口的 0.6%。假设该镇需要安置 3 个移民村,适龄儿童人数分别为 300 人、400 人、300 人。

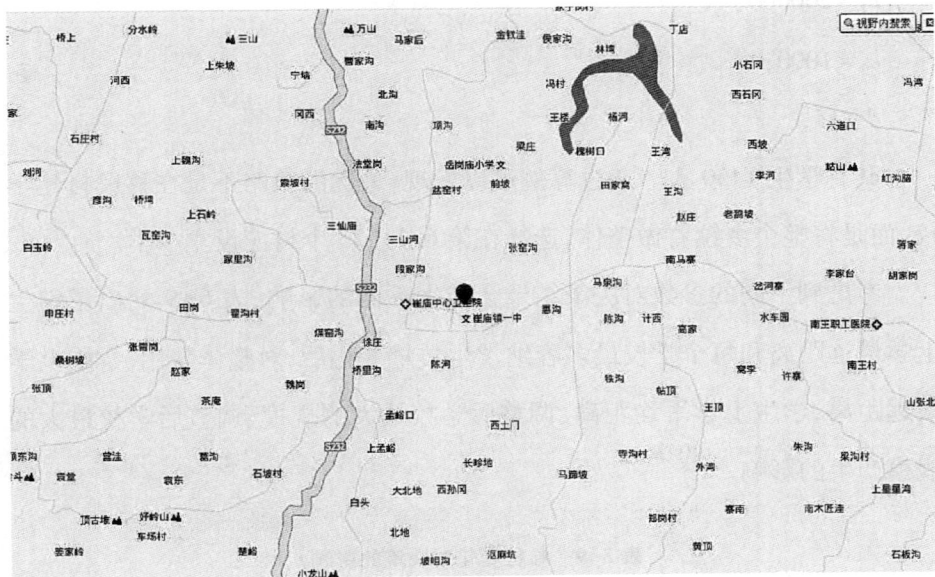

图 5-3　学校布局调整示意图

参数设定

$M = 3$；$N = 22$；$MN = 25$；

x = 5 7 3 4 6 1 10 12 13 15 9 2 11 6 8 18 3 17 5 8 16 4 2 11 6；

y = 1 3 2 15 3 8 18 2 11 7 16 9 2 16 2 4 13 6 14 6 3 12 14 8 11；

b_1 = 0 0 0 0 1 0 0 1 0 0 1 0 0 0 1 0 0 1 0 0 1 0 1 0 0 1；

b_2 = 0 0 0 0 1 0 0 0 0 0 1 0 0 0 1 0 0 0 0 1 0 0 0 0 1；

$e = $ 50 80 20 70 10 100 90 50 60 20 70 40 80 120 100 20 50 70 30 10 60 90 70 20 70；

$p = 8$；

$q_0 = 3$；

$q_1 = 800$；

$c_0 = 100000$；

$c_1 = 200000$；

$c_2 = 1000$；

$d = 15$；

共有学生 1450 人。通过算例可以发现，最优的策略不是在移民村建学校，而是将整个乡镇看做整体，选择在第 6、11、25 个村庄设立小学。

考虑到不同的参数对决策结果会产生不同的影响，表 6-9 列出了学生上学最远距离和每个学校最多容纳学生数量变化后，对整体费用、学生上学最远距离、学生上学平均距离、调整后学校最大的规模、调整后学校最大的规模产生的影响。

表 5-9　参数变化对决策的影响

数量＼距离	500	600	700	800
12	费用 180 万 最远距离 12 平均距离 6.88 最大规模 490 最小规模 470	费用 180 万 最远距离 12 平均距离 7.16 最大规模 580 最小规模 290	费用 180 万 最远距离 12 平均距离 6.6 最大规模 680 最小规模 190	费用 180 万 最远距离 12 平均距离 7.84 最大规模 700 最小规模 80
13	费用 170 万 最远距离 13 平均距离 7.12 最大规模 500 最小规模 470	费用 170 万 最远距离 13 平均距离 7.24 最大规模 600 最小规模 280	费用 170 万 最远距离 13 平均距离 7.12 最大规模 630 最小规模 160	费用 170 万 最远距离 13 平均距离 6.8 最大规模 750 最小规模 50

续表

数量＼距离	500	600	700	800
14	费用170万 最远距离14 平均距离8.56 最大规模500 最小规模450	费用170万 最远距离14 平均距离8.6 最大规模600 最小规模370	费用170万 最远距离14 平均距离7.48 最大规模650 最小规模230	费用170万 最远距离14 平均距离7.16 最大规模780 最小规模50
15	费用170万 最远距离15 平均距离9 最大规模500 最小规模470	费用170万 最远距离14 平均距离7.96 最大规模580 最小规模400	费用170万 最远距离15 平均距离7.88 最大规模670 最小规模170	费用170万 最远距离15 平均距离7.8 最大规模800 最小规模50

从表5-9可以得出如下结论：随着每个学校允许最大招生数量的变大，在大多数情况下学生上学的平均距离变小，但是各个学校招生数量的差异变大。随着学生上学允许的最远距离的变大，学生上学的平均距离变大。

下面做进一步的讨论：去掉调整后学校数量的约束，得到不同距离、学校规模下学校的数量如表5-10所示。

表5-10 不同的约束下最佳学校数量及费

数量＼距离	500	600	700	800
12	学校数量3 费用180万 最远距离12 平均距离6.92 最大规模500 最小规模450	学校数量3 费用180万 最远距离12 平均距离6.96 最大规模590 最小规模290	学校数量3 费用180万 最远距离12 平均距离7 最大规模670 最小规模250	学校数量2 费用170万 最远距离12 平均距离7.04 最大规模 最小规模
13	学校数量3 费用170万 最远距离13 平均距离7.64 最大规模500 最小规模470	学校数量3 费用170万 最远距离13 平均距离7.52 最大规模590 最小规模290	学校数量3 费用170万 最远距离13 平均距离6.76 最大规模690 最小规模150	学校数量2 费用160万 最远距离13 平均距离7.48 最大规模750 最小规模700

续表

距离 数量	500	600	700	800
14	学校数量 3 费用 170 万 最远距离 14 平均距离 9.28 最大规模 490 最小规模 470	学校数量 3 费用 170 万 最远距离 14 平均距离 8.72 最大规模 580 最小规模 280	学校数量 3 费用 170 万 最远距离 14 平均距离 8.8 最大规模 700 最小规模 150	学校数量 2 费用 160 万 最远距离 14 平均距离 9.04 最大规模 800 最小规模 650
15	学校数量 3 费用 170 万 最远距离 15 平均距离 8.8 最大规模 500 最小规模 450	学校数量 3 费用 170 万 最远距离 15 平均距离 8.36 最大规模 600 最小规模 420	学校数量 3 费用 170 万 最远距离 15 平均距离 8.8 最大规模 680 最小规模 270	学校数量 2 费用 160 万 最远距离 14 平均距离 9 最大规模 730 最小规模 720

从表 5-10 可以发现,取消学校数量限制后,优化的结果是学校的数量为 2—3 个,成本为 160 万—180 万。学校数量最少、成本最低的是学校规模限制为 800 人,上学最远距离约束为 13 公里的情况。上学平均距离最近的为学校规模限制为 500 人,上学最远距离约束为 12 公里的情况,但是投资比最少的情况多 20 万。

大型水利工程移民基础教育资源在农村的资源规划原则为:尽量整合各个移民点当地附近的教育资源;考虑我国农村基础教育发展的历程与趋势,尽量减少新建小学;移民点选择时尽量使各个移民点适度分散、规模小,这样便于将这些移民村的学龄儿童整合到当地现有优质中小学中;对于不建立小学的移民村要给予适当的补偿和奖励;并以移民工程为契机,规划好教育资源整合;促进当地基础教育资源的优化。本文对移民学校的布局进行了分类,并给出了定量的决策模型。通过该模型,可以根据决策者不同的偏好,调整参数后给出比较精确的决策。模型中学校数量的约束体现了决策者的事先已经初步做好的决策,而去掉这个约束的讨论有助于最佳学校数量的确定。

第六章　结论和展望

一、本研究的主要结论

本研究的主要研究成果如下：

1. 系统的研究了大型水利工程移民教育体系

该体系有如下特点：完善移民区教育的管理体制，提供法律政策保障；将学校资源纳入移民区建设规划，加强对接收学校的管理；加强移民区教师配备与培训；移民教育主动为当地经济和社会发展服务。其系统如图 6-1 所示：

2. 基于博弈论的大型水利工程移民教育政策分析

就中央政府、地方政府以及当地的移民百姓这三个基本库区移民教育政策的利益群体而言，在长期的利益诉求上是一致性的，即中央政府与当地政府从长期来看，都希望社会安定和谐、平稳发展、百姓生活得好。就移民教育而言，中央政府与当地政府则希望百姓都能较好地享受到教育的权利，并一定程度上成为高素质、高水平的人才，为国家或库区的建设贡献一份力

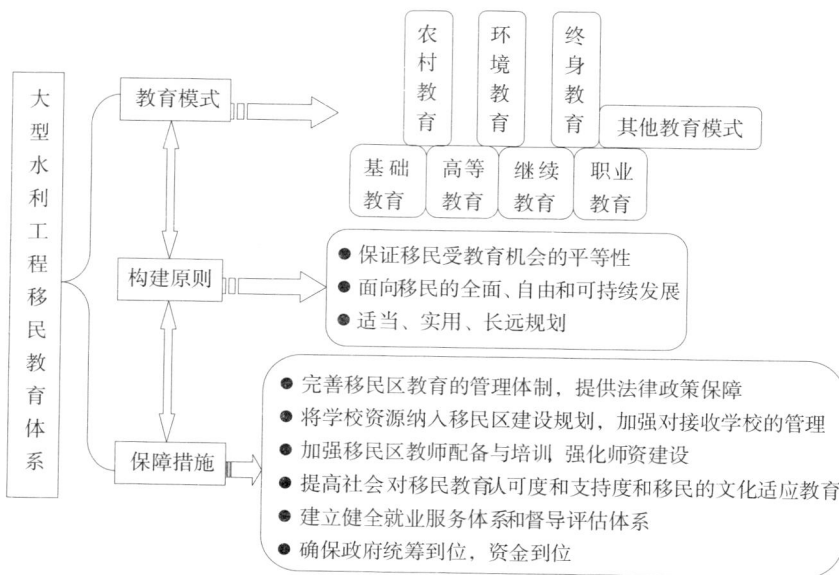

图 6-1　大型水利工程移民教育体系

量。而库区百姓在长期利益上,则希望能过上好日子,各种物质条件有充分的保障。就移民教育而言,库区百姓则希望享受到良好的教育,借助国家和政府提供的相应教育条件,并通过自身的努力来改变自身落后、贫穷的状况,从而生活得到保障,真正的过上小康的生活。因此,我们可以看出,中央政府、地方政府以及当地的移民百姓三个基本利益层面,在长期利益诉求上是殊途同归的。而中央政府、地方政府以及当地的移民百姓三个基本利益主体,在短期的利益诉求上却是充满矛盾与纠结的。

对于在政府安置学校上学的学生,政府应尽可能地为其提供良好的教育设施与资源;而对于不在政府安置学校上学的学生,政府应给予其一定的补贴,从而更好地为移民百姓服务。通过博弈模型给出了补贴的确定,这样,既可以给那些不在政府安置学校接受教育的学生以生活补助,又可以将节约下来的资金、资源用于建设政府需要安置筹建的学校,从而为库区的移民百姓提供更好的教育,而且还达到了节约资源的目的。进而使得库区的移民教育更有效率地进行。

3. 移民教育评价

确立能够反映移民特色的教育评价体系。其中一级指标有:环境与安全、学校布局、教师队伍、教学质量与教学效益、基础设施、教育发展战略、移民受教育状况、教师安置。每个一级指标又分别由若干二级指标构成。

4. 大型水利工程移民学校布局研究

提出了大型水利工程移民基础教育资源在农村资源规划的原则为:尽量整合各个移民点当地附近的教育资源;考虑我国农村基础教育发展的历程与趋势,尽量减少新建小学;移民点选择时尽量使各个移民点适度分散、规模小,这样便于将这些移民村的学龄儿童整合到当地现有优质中小学中;对于不建立小学的移民村要给予适当的补偿和奖励;并以移民工程为契机,规划好教育资源整合;促进当地基础教育资源的优化。本书对移民学校的布局进行了分类,并给出了定量的决策模型。通过该模型,可以根据决策者不同的偏好,调整参数后给出比较精确的决策。模型中学校数量的约束体现了决策者的事先已经初步做好的决策,而去掉这个约束的讨论有助于最佳学校数量的确定。

二、对中国大型水利工程移民教育研究的展望

总的来说,我国对大型水利工程移民教育的研究还处于起步阶段和部门研究阶段,针对大型水利工程移民教育的系统研究至今尚不多见。本书的研究也仅仅是以南水北调中线工程为事例的典型研究,虽然在研究方法

上着眼于整个国家的大型水利工程的移民教育,但现实的研究条件又不满足对全国大型水利工程进行系统移民教育的研究条件。但从研究的方法上来看,本书系统运用教育学、经济学、管理学、社会学、哲学以及数理推理方法,力争使研究呈现出事物发展的原貌和事物运行的规律,这应该算得上是一个比较大的创新。但从对立面来看,综合运用这些研究方法是需要比较系统和严密的把控能力的,笔者作出了一定的尝试,但这种尝试没有达到自我要求的高度,这也正是本研究在以后能够继续推进的空间所在。

另外一个较为重要的方面是,本研究从管理学视域出发关注大型水利工程移民教育的系统问题,研究的重点偏向于行政管理和管理学角度,注重实证研究和模型建构,这使得本研究具有坚实的现实基础。但反过来说,本书的理论建构则相对不足,特别是对大型水利工程移民教育的体系问题未能建构起一套完整的政策理论体系,这也是本研究的另一缺憾。在后续的研究中,作者将会加强从理论政策建构角度提出大型水利工程移民教育的系统理论,争取涵盖从幼儿教育、小学基础教育、中学教育到大学教育、培训教育在内的所有研究视角,为国家理论方针政策的出台提供强有力的理论支撑。

再次,本研究还有望在对大型水利工程移民教育体系建构研究的基础上,以南水北调中线工程为研究范例,把移民教育研究和南水北调中线工程沿线的民风民俗研究、府衙文化研究、口述史研究、道德文明实践研究、法律制度建构研究等整合到大型水利工程的相关研究中来,形成一系列特色鲜明的研究成果。问题是时代的呼声,是经济社会发展的现实体现,希望能够通过对大型水利工程相关问题的研究推进我国教育事业更高、更快、更好地发展。

参 考 文 献

一、专 著 类

1. 唐传利:《中国水库移民政策与实践》,河海大学出版社 2002 年版。

2. 康宁:《中国经济转型中高等教育资源配置的制度创新》,教育科学出版社 2005 年版。

3. 张宝欣:《开发性移民的理论与实践》,中国三峡出版社 1999 年版。

4. 顾茂华、荀厚平:《水库移民遗留问题处理》,河海大学出版社 2000 年版。

5. 刘根生、徐和森:《水库移民——实践与探索》,华艺出版社 1991 年版。

6. 徐乘、唐传利:《三门峡水库移民社会经济发展战略》,黄河水利出版社 2000 年版。

7. 施国庆等:《中国移民政策与实践》,宁夏人民出版社 2001 年版。

8. 刘哲夫:《小浪底水库移民工作管理初探》,黄河水利出版社 1998 年版。

9. 朱东恺等:《小浪底移民生产经营模式创新:垣曲案例研究,移民与发展国际论文集》,河海大学出版社 2002 年版。

10. 施国庆等:《水库移民系统规划理论与应用》,河海大学出版社 1999 年版。

11. 陈玉琨:《教育评价学》,人民教育出版社 1999 年版。

12. 王坚红:《学前教育评价》,人民教育出版社 1994 年版。

13. 项宗萍等:《六省市幼教机构教育评价研究》,教育科学出版社 1995 年版。

14. Abraharn Flexner:《现代大学论:美英德大学研究》,浙江教育出版社 2001 年版。

15. Henry M. Levin:《高科技、效益、筹资与改革:教育决策与管理中的重大问题》,人民日报出版社 1995 年版。

16. 翁文艳:《教育公平与学校选择制度》北京师范大学出版社 2003 年版。

17. 吴纲著:《现代教育评价基础》:学林出版社 1996 年版。

二、期刊论文类

1. 曾明德、戚攻:《移民经济学导论》,《探索》2002 年第 2 期。

2. 施国庆:《水库移民学探讨》,《水利水电科技发展》1999 年第 1 期。

3. 贾晔:《水库移民发展系统建设刍议》,《改革与战略》1996 年第 2 期。

4. 黄爆等:《水库移民遗留问题成因分析与对策》,《水利经济》2000 年第 5 期。

5. 茹迎星:《水库移民遗留问题及其处理》,《中国农村水利水电》1998 年第 3 期。

6. 王茂福等:《中国水库移民的返迁及原因》,《社会科学》1997 年第 12 期。

7. 王茂福等:《区域文化差异对远迁水库移民返迁的影响》,《人口与经济》1999 年版。

8. 熊金香:《当前我省水库移民存在的问题及对策》,《求索》1997 年第 6 期。

9. 施国庆:《小浪底水库移民风险及其规避》,《学海》2001 年第 2 期。

10. 黄奇帆:《大力发展职业教育服务百万库区移民》,《中国职业技术教育》

2005 年第 35 期。

11. 贾哗等:《建立水库移民经济学的构想》,《广西大学学报》1995 年第 4 期。

12. 傅林:《当今美国移民儿童学校教育存在的问题》,《外国教育研究》2003 年第 6 期。

13. 王军:《法国的移民教育》,《外国教育研究》2001 年第 4 期。

14. 刘丽丽:《德国移民教育政策评析》,《理论前沿》2005 年第 11 期。

15. 张西爱等:《"教育移民"工程促进海南少数民族地区农村教育发展》,《内蒙古农业大学学报》(社会科学版)2009 年第 2 期。

16. 李学明:《西部农村基础教育学生移民现象浅析》,《素质教育论坛》2008 年第 1 期。

17. 杨华:《民族地区经济开发与教育功能的强化》,《民族教育研究》2004 年第 4 期。

18. 马效义:《移民教育与社区文化重构》,《湖南师范大学教育科学学报》2009 年第 4 期。

19. 张学敏:《三峡库区教育移民迁校经费缺口分析与对策研究》,《教育与经济》2001 年第 4 期。

20. 赵伟、程丽君:《三峡库区移民职业教育的现状和发展构想》,《中国职业技术教育》2007 年第 35 期。

21. 曾祥林、谭书法:《浅谈移民子女的现状分析及教育对策》,《四川工程职业技术学院学报》2008 年第 1 期。

22. 陆远权:《移民教育与移民经济》,《重庆三峡学院学报》2006 年第 5 期。

23. 陈亮等:《重庆三峡库区农村移民教育隐患问题研究》,《西南师范大学学报》(人文社会科学版)2005 年第 5 期。

24. 马江、马万:《农村移民职业教育培训与万州区实施城市化战略的思考》,《重庆三峡学院学报》2005 年第 2 期。

25. 王国银:《建立以能力为基础的教育体系》,《云南财贸学院学报》(社会科学版)2003 年第 4 期。

26. 叶忠海:《论构建继续教育体系的理论基础和构架》,《成人高等教育》2007 年第 3 期。

27. 梁威:《面向 21 世纪的终身教育构建——首都基础教育体系的几点思考》,《发展研究》2000 年第 6 期。

28. 梁燕:《高等职业教育体系建立的现实基础》,《现代教育管理》2009 年第 4 期。

29. 廖中展等:《从多学科模式到跨学科模式——浅析我国基础教育阶段环境教育体系的构建》,《教育科学》2000 年第 3 期。

30. 韩勇:《终身教育理念下我国基础教育体系创建原则的思考》,《现代教育科学》2007 年第 8 期。

31. 李如珍:《完善农村教育体系是实施科教兴农的基础》,《大理师专学报》1999 年第 1 期。

32. 陆远权:《移民教育与移民经济——基于三峡库区移民就业及家庭收入的实证分析》,《重庆三峡学院学报》2006 年第 1 期。

33. 王小梅等:《三江源区生态移民整合问题研究》,《生态环境》2007 年第 3 期。

34. 田继忠:《应当重视加强对"三西"地区农村移民教育的研究》,《西北人口研究》1992 年第 9 期。

35. 邱兴:《以色列新移民子女教育的经验教训》,《外国中小学教育》2005 年第 2 期。

36. 傅林:《终身教育背景下当今美国的移民教育问题》,《内蒙古师范大学学报》(教育科学版)2006 年第 7 期。

37. 王军:《法国的移民教育》,《外国教育研究》2001 年第 2 期。

38. 张苏等:《美国移民子女基础教育公平资助政策探究》,《外国教育研究》2009 年第 8 期。

39. 金帷:《英国:移民教育关乎社会和谐》,《比较教育研究》2007 年第 4 期。

40. 韩定慧:《论三峡库区教育移民对策》,《中国三峡建设》1997 年第 7 期。

41. 马娥:《近 20 年国内学前教育评价研究文献综述》,《延安职业技术学院学报》2009 年第 6 期。

42. 张意忠:《论教育评价的科学依据》,《黑龙江教育》2007 年第 10 期。

43. 向定峰、蒲勇健:《基于 AHP 的城乡教育资源优化配置》,《跨世纪》2008 年第 8 期。

44. 刘贤江:《社会主义新农村建设中教育评价指标和方法初探》,《高技术与产业化》2006 年第 2 期。

45. 朱益民:《对我国教育评价实践的审视》,《教育测量与评价》2009 年第 6 期。

46. 高治军:《基于层次分析法与模糊评价的学科水平评估》,《重庆交通学院学报》(社科版)2006 年第 3 期。

47. 卢晓东:《中美大学本科专业设置比较》,《比较教育研究》2001 年第 2 期。

48. 汪飞君:《我国教育评价发展综述》,《科教文汇》2010 年第 9 期。

49. 肖远军、邢晓玲:《我国教育评价发展的回眸与前瞻》,《江西教育科研》2007 年第 12 期。

50. 张晓青:《多元化教育评价体系的思考和探索》,《佛山科学技术学院学报》(社会科学版)2009 年第 3 期。

51. 刘焱:《试论托幼机构教育质量评价的几个问题》,《学前教育研究》1998 年第 3 期。

52. 王万全等:《关于教育评价的若干思考》,《铜陵学院学报》2005 年第 2 期。

53. 马世晔:《国外主要的基础教育评价体系及特点》,《素质教育大参考》2008

年第 14 期。

54. 傅毓维、郑佳《基于 DEA 的高等教育资源配置的评价模型研究》,《黑龙江教育》(高教研究与评估版)2005 年第 3 期。

55. 谢劲:《基于 DEA 理论的安徽市县党校教育资源配置效率研究》,《理论建设》2006 年第 6 期。

56. 刘昊昕、郑昱君:《基于 DEA 模型的河北省高等教育资源配置效率研究》,《现代经济:现代物业中旬刊》2009 年第 2 期。

57. 傅毓维、邵争艳:《基于偏好 DEA 模型的区域高等教育资源配置结构效益评价》,《价值工程》2006 年第 6 期。

58. 马丹:《熵值法在高等教育资源配置效益评价中的应用》,《煤炭高等教育》2008 年第 9 期。

59. 曲建民:《回归分析在高等教育评价中建立预测模型的应用》,《数学理论与应用》2006 年第 9 期。

60. 徐儒:《回归算法在三峡库区教师信息化教育评价体系中的应用》,《成都大学学报》(教育科学版)2009 年第 2 期。

61. 王楠、于俊乐:《基于 AHP—GA 方法的教育评价信息挖掘技术研究》,《天津理工大学学报》2008 年第 12 期。

62. 赵英男、邵良杉:《模糊综合评价法在研究生教育评价中的应用》,《科技和产业》2008 年第 11 期。

63. 蔡建东:《略论教育评价指标体系的构建》,《洛阳师范学院学报》2000 年第 6 期。

64. 朱益明:《对我国教育评价实践的审视》,《教育测量与评价》2009 年第 6 期。

66. 柳海民等:《布局调整:全面提高农村基础教育质量的有效路径》,《东北师大学报》(哲学社会科学版)2008 年第 1 期。

67. 陈巍:《义务教育要做好统筹协调,规划布局——教育部、财政部专题调研青海省义务教育工作》,《青海教育》2008 年第 18 期。

68. 黄治中等:《基础教育的新跨越——韶关市中小学布局调整一瞥》,《广东教育》(综合版)2001 年第 8 期。

69. 张浩:《农村中小学校布局调整亟待破题——来自河南省西峡县农村教育的实地调研》,《中国财经信息资料》2009 年第 12 期。

70. 赵媛、诸嘉:《基于教育公平的教育资源优化配置研究》,《教育与职业》2008 年第 6 期。

71. 丁微:《努力促进贫困县教育资源配置的优化——安化县调整中小学布局的实践》,《湖南教育》(综合版)2001 年第 18 期。

72. 薛正斌、刘新科:《偏远农村地区学校布局调整对教育公平的影响》,《现代中小学教育》,2009 年第 7 期。

73. 陈明建等:《积极实施校点布局调整推进义务教育整体健康发展——来自重庆市开县大德乡校点布局调整的调研报告》,《基础教育改革动态》2009 年第 10 期。

74. 李君玲:《农村义务教育资源布局调整的后续效果》,《河南商业高等专科学校学报》2008 年第 2 期。

75. 范先佐:《农村学校布局调整与教育的均衡发展》,《教育发展研究》2008 年第 7 期。

76. 郭清扬:《农村学校布局调整与教育资源合理配置》,《教育发展研究》2008 年第 7 期。

77. 贾勇宏:《教育政策执行中的村民与地方政府利益博弈——以中西部 6 省区农村中小学布局调整为例》,《教育科学》2008 年第 4 期。

78. 赵蕊、张学霞:《我国教育资源配置方式选择研究》,《石家庄经济学院学报》2008 年第 2 期。

79. 陈飞:《促进农村公共教育资源合理配置》,《盐城师范学院学报》(人文社会科学版)2009 年第 4 期。

80. 陈穗红等:《公共教育资源配置效率的考察与现状分析》,《财政研究》2003 年第 7 期。

81. 汪开寿:《论我国公共教育资源的配置》,《中国教育学刊》2006 年第 5 期。

82. 苗文利:《美国高等教育资源配置对我国高等教育的启示》,《中国矿业大学学报》(社会科学版)2009 年第 3 期。

83. 张盛仁:《浅论教育资源配置的理论基础》,《教育与经济》2008 年第 3 期。

84. 贾勇宏:《我国公共教育投资短缺的公共选择理论分析》,《当代教育科学》2005 年第 12 期。

85. 高丽:《论公共教育资源配置的合理性和有效性标准》,《生产力研究》2008 年第 23 期。

86. 薛颖等:《论基础教育资源的优化配置》,《上海师范大学学报》(基础教育版)2007 年第 7 期。

87. 冯文全、夏茂林:《当前农村教育资源的使用效率问题及解决的基本思路》,《兰州学刊》2006 年第 1 期。

88. 段晓芳、慕彦瑾:《教育公平视域下的义务教育资源配置》,《教育测量与评价》2009 年第 5 期。

89. 雷水风:《论基础教育资源配置与教育政策的公平性保障》,《中国行政管理》2008 年第 9 期。

90. 赵枫岳等:《我国新农村建设中的教育布局与发展问题》,《河南工业大学学报》(社会科学版)2008 年第 3 期。

91. 廖蒋:《当前我国水库移民的社会冲突与整合研究》,《农村经济》2001 年第 4 期。

三、学位论文

1. 伍黎芝:《三峡工程开发性移民与可持续发展研究》,华中农业大学博士学位论文,2000 年。

2. 廖蔚:《水库移民经济学》,四川大学博士学位论文,2004 年。

3. 段跃芳:《水库移民补偿理论与实证研究》,华中科技大学博士学位论文,2003 年。

4. 施祖留:《水利工程移民管理理论框架构建研究》,河海大学博士学位论文,2003 年。

5. 魏珊:《非自愿性移民可持续安置与发展研究》,武汉大学博士学位论文,2004 年。

6. 杨文建:《中国水库农村移民安置模式研究》,河海大学博士学位论文,2004 年。

7. 朱东凯:《水利水电工程移民制度研究》,河海大学博士学位论文,2005 年。

8. 吴霜:《面向所有人的教育——西班牙移民教育研究》,华东师范大学博士学位论文,2008 年。

9. 吴宗法:《工程移民理论与实践》,河海大学博士学位论文,1999 年。

10. 张春宏:《县域义务教育评价指标体系研究》,东北师范大学 2007 年硕士学位论文。

四、外文资料类

1. Oliven-Smith; Anthony, Involuntary Resettlement, Resistance and Politieal Em-

Powerment, Journal of Refugee Studies, 1991(2).

2. Thomas F.Annistead, Dam Conflicts Threaten Growth, ENR, September 1998.

3. Tom Ichniowski, World Bank to Review Funding, ENR, 1997.

4. Tom Ichniowski, Wbrld Bank Sets Sights on Small Infrastructure Projects, ENR, 1996.

5. G.G.LaPin, WCD briefing in Moseow, 2000, www.wordbank.com.

6. Carol Ezzell, The Himba and the dam, Scieniific American, 2001.

7. Alan Dessoff, World commission seeks consensus on dams, Water Environment & Technology, 2001.

8. JohnJ. Kosowat Z. DebraK. Rubin, Big Projectsl' argetedfor Review, ENR, September 2000.

9. Catherine Loeke; W Nei lAdger.P Miek Kelly, Changing places: Migration's and social.

11. Xiong Lei, Going against the flow in China Science, 1998.

12. Ross KN, Levacic R. Needs-Based Resource Allocation in Education via Formula Funding of Schools. International Institute for Educational Planning, UNESCO, Paris, 1999.

13. Rizman L, Bradford J, Jacobs R. A Multiple Objective Approach to Space Planning for Academic Facilities. Managerrlent Science, 1979, Vol(25), No(9).

14. Giznnikos I, Lees P, Eldarzi E. An Integer Goal Progran-maing Model to Allocate Offices to Staff in an Academic Institution. Journal of the Operational Research Society, 1995, Vol(46), No(6).

15. Benjamin C, Ehie I, Omurtag Y. Planning Facilities at the University of Missouri-Rolla. Journal of Interfaces, 1992, Vol(22), No(4).

16. Burke EK, Varley DB. Space Allocation: An Analysis of Higher Education Re-

quirements. Lecture Notes in Computer Science,1998,Vol(1408).

17. Selod H,Zenou Y. Location and Education in South African Cities under and after Apartheid. Journal of Urban Economics,2001,49.

18. Greenhalgh S. Sexual Stratification:The other side of 'growth with equity' in East Asia. Population and Development Review,1985,11.

19. Parish WL,Willis,Robert. Daughters,education,and family budgets. Journal of Human Resources,1993,28.

20. Bowles S. Schooling and inequality from generation to generation. Journal of Political Economy,1972,Vol(80),No(3).

21. Dearden L,Machin S,Reed H. Intergenerational mobility in Britain. Economic Journal,1997,Vol(107),No(440).

22. Gary S. Intergenerational mobility in the labor market. In:Ashenfelter,O.,Card, D.(Eds.),Handbook of Labor Economics,1999,Vol. 3. North Holland,Amsterdam.

23. Chu CY,Tsay RS,Yu RR. Intergenerational transmission of sex-specific differential treatments:The allocation of education resources among siblings. Social Science Research,2008,Vol(37),issue(2).

24. Knight,JB,Richard S. Education,Productivity,and Inequality:The East African Natural Experiment. New York:Oxford University Press,1990.

25. Behrman JR,Rosenzweig MR,Taubman P. Endowments and the Allocation of Schooling in the Family and in the Marriage Market:The Twins Experiment. Journal of Political Economy,1994,102(6).

26. Card, D. Earnings, Schooling, and Ability Revisited. NBER Working Paper 4832,1994.

27. Miller P,Mulvey C,Martin N. What Do Twins Studies Reveal About the Economic Returns to Education? A Comparison of Australian and U.S. Findings. American

Economic Review, 1995, Vol(85), No.(3).

28. Psacharopoulos G. Returns to Education: A Further International Update and Implications. Journal of Human Resources, 1985, 20(4).

29. Psacharopoulos G. Financing Education in Developing Countries: An Exploration of Policy Options. Washington, DC: World Bank, 1986.

30. Psacharopoulos G, Arriagada AM. The International Composition of the Labor Force: An International Comparison. International Labour Review, 1986, 125(5).

31. Psacharopoulos G, Ying C. Earnings and Education in Latin America. Education Economics, 1994, 2(2).

32. Winkler DR. Higher Education in Latin America: Issues of Efficiency and Equity. 1990, World Bank Working Paper, 77.

33. JUDSON R. Economic Growth and Investment in Education: How Allocation Matters. Journal of Economic Growth, 1998, Vol(3), No.(4).

34. Su XJ. Endogenous determination of public budget allocation across education stages. Journal of Development Economics, 2006, Vol(81), No.(2).

35. Charnes A, Cooper WW, Rhodes E. Measuring the efficiency of decision making units. European journal of operational research, 1978, 2.

后　记

此书是在博士论文的基础上修改而成的。

人到中年，又正值河南财经政法大学合校之后的第一个五年发展时期，作为学校的党委书记，管理事务占去了相当多的时间。只有利用节假日的休息时间来进行研究，因此，对博士论文的修改断断续续历时四年之久，但令人欣慰的是，经过反复修改终于成稿了。

"百年大计，教育为本。"科教兴国作为我国的基本国策，在启迪心智、传承知识、陶冶情操、传承文明和创造服务等方面都发挥了极其重要的作用。正如习近平总书记在联合国"教育第一"全球倡议行动一周年纪念活动的视频贺词中强调的："始终把教育摆在优先发展的战略位置，不断扩大投入，努力发展全民教育、终身教育，建设学习型社会，努力让每个孩子享有受教育的机会，努力让13亿人民享有更好更公平的教育，获得发展自身、奉献社会、造福人民的能力。"新中国成立以来，随着我国一系列大型水利工程的建设，对移民的教育、移民子女的教育及沿途教育资源的分布等不仅仅成为社会问题，更重要的是，它关系到经济社会的和谐发展。身处南水北调中线工程水源地的河南，深为南水北调工程建设过程中移民群体舍小家为国家的精神所感动,更深感移民的教育的必要性和紧迫性,一种强烈的责任感和使命感促使我不断地关注和研究此问题。

在本课题研究过程中,从博士论文选题的确定、写作过程中观点的提炼到后期的修改,都得到了华中师范大学徐晓林教授的悉心指导。徐教授亦师亦友,使我攻读博士学位的过程感觉到的不是辛苦而是快乐,并为日后的研究奠定了深厚的基础。在此,谨向徐先生给予的无私帮助深表谢意!

本课题的研究也参考了同行的大量研究成果。他们的思想和观点或给了我启发,或给了我直接的借鉴,对此,也深表感谢!

因本人才学、理论功底和时间所限,加之大型水利工程移民教育的特殊性和复杂性,尤其是我国现行的法规制度专门针对移民教育的方面还较为薄弱,本人以南水北调中线工程为例的研究只是抛砖引玉,希望能够得到政府有关部门和有关专家对此问题的系统和深入的探究,更期待着学界专家和学者给予指导。

杨 健 燕

2016 年 9 月于郑州

责任编辑：王世勇

图书在版编目（CIP）数据

大型水利工程移民教育资源配置研究：以南水北调中线工程为例／
杨健燕 著. —北京：人民出版社，2016.11
ISBN 978－7－01－016775－6

Ⅰ.①大…　Ⅱ.①杨…　Ⅲ.①南水北调-移民-教育资源-资源配置-
研究-中国　Ⅳ.①G527

中国版本图书馆 CIP 数据核字（2016）第 243104 号

大型水利工程移民教育资源配置研究

DAXING SHUILI GONGCHENG YIMIN JIAOYU ZIYUAN PEIZHI YANJIU
——以南水北调中线工程为例

杨健燕　著

人 民 出 版 社 出版发行
（100706　北京市东城区隆福寺街 99 号）

环球东方（北京）印务有限公司印刷　新华书店经销

2016 年 11 月第 1 版　2016 年 11 月北京第 1 次印刷
开本：710 毫米×1000 毫米 1/16　印张：10.75
字数：137 千字　印数：0,001-3,000 册

ISBN 978－7－01－016775－6　定价：38.00 元

邮购地址 100706　北京市东城区隆福寺街 99 号
人民东方图书销售中心　电话 （010）65250042　65289539